도서관 그곳에서 꿈을 꾸다

KB126110

중앙도서관 뉴스레터 칼럼모음집

도서관 그곳에서
꿈을 꾸다

경희대학교 중앙도서관

BOOKEURO
유로
PUBLISHING

발 간 사

올해는 우리 경희대학교가 창학 60주년을 맞는 뜻 깊은 갑년(甲年)입니다. 대학 설립 당시부터 우리 학교는 앞으로 인류문명이 마땅히 나아가야 할 방향이 무엇이고, 우리의 사명은 무엇인가를 깊이 성찰하여 당위(當爲)의 세계인 '오토피아'를 지향하고자 하였습니다. 그리하여 '문화세계의 창조'를 교시(校是)로 제정하고, 이를 선도하는 지도적 인재를 육성하는 학문과 평화의 전당을 실현하고자 매진해 왔습니다. 그 결과 불과 60년이라는 짧은 세월이 흐른 오늘날, 우리 대학은 새로운 패러다임의 대학상을 추구하며 국내를 넘어 세계적 명문사학으로 힘차게 도약하기에 이르렀습니다.

도서관은 흔히 대학의 심장이라고 합니다. 심장이 활기차게 뛸 수 있도록 중앙도서관에서는 교수, 학생, 교직원, 동문, 지역사회에 충분한 학술정보를 제공하고 학문에 전심할 공간을 마련하여 그 역할을 다하고자 하였습니다.

중앙도서관에서는 1999년 이후 뉴스레터 및 웹진을 발간해 왔는데 현재 통권 77호에 이르렀습니다. 거기에 수록된 칼럼들과 추천도서 공모전 소개 글 및 도서관 체험수기 공모전 수상작들 속에는, 도서관과 독서에 얽힌 아름답고 귀한 생각과 마음들이 짧은 글 속에 알알이 담겨 있어, 60주년을 기념하여 이를 한데 모아 책자로 발간하기로 하였습니다.

'불광불급(不狂不及)' 이라는 말이 있습니다. 미쳐야 미친다, 곧 무슨 일이든 그 일에 미치지(몰입하지) 않으면 이루고자 하는 목표에 미치지(이르지) 못한다는 말이지요. 일찍이 송나라의 진종황제는 선비들에게 이렇게 학문을 권장했습니다.

> 집을 부유하게 하고자 좋은 농토 살 것이 없다
> 글 가운데 스스로 엄청난 곡식이 있는 것을
> 거처를 편히 하려고 고대광실 지을 것이 없도다
> 글 가운데 스스로 황금의 집이 있는 것을
> 문을 나감에 수행하는 사람 없음을 한탄하지 말아라
> 글 가운데 수레와 말이 빽빽할 정도로 많도다
> 아내를 얻음에 좋은 중매 없음을 한탄하지 말아라
> 글 가운데 옥같이 아름다운 여인이 있도다
> 학문하는 사람이 평생의 뜻을 이루고자 하면
> 양서(良書)를 창 앞에 펴놓고 부지런히 읽어야 하리.
> 「진종황제권학(眞宗皇帝勸學)」

무릇 소망의 성취를 위해서는 학문과 독서에 매진해야 한다는 충고지요. 우리 대학인 모두가 너나없이 독서광이 되어 학풍을 크게 진작함으로써 도서관이 평소에도 차고 넘치기를 기대합니다.

　이 작은 책자가 밀알이 되어 각자 이루고자 하는 꿈을 실현하고 우리 대학이 세계적 명문사학으로 우뚝 설 날이 앞당겨지기를 소망합니다. 끝으로 옥고를 주신 필자 여러분과 이를 아름다운 책자로 만들어주신 유로서적출판사 및 청솔디자인 담당자님께 다시 한 번 깊은 감사를 드립니다.

2009년 11월

중앙도서관장　김 진 영

CONTENTS

I. 도서관, 그곳에서 꿈을 꾸다

II. 도서관, 당신의 희망입니다

구르는 돌에는 이끼가 끼지 않는다.

III. 도서관에서 길을 묻다

IV. 도서관과 함께 하는 이야기

I.
도서관, 그곳에서
꿈을 꾸다

도서관 즐!겨!찾!기!

배움과 앎의 기회가 되는 곳.
도서관을 즐겨 찾는 사람이라면 알 것이다.
동서고금 남녀노소를 불문한 배움의 터이자 지식 충전소, 도서관!
비단 지식뿐만 아니다. 철없는 사춘기에 도서관은 다정다감한 벗이 되기도
하고, 꿈을 키우는 나만의 작은 다락방이 되기도 한다.
종합 비타민제처럼 무궁무진한 도서관의 매력. 그 알찬 공간을 제대로
이용해 보자.

인류 최대의 문화유산 : 도서관

신 용 철
사학과 명예교수

도서관을 밖에서 바라보고 안에서 오르내리며, 붐비는 도서관에서 학생들과 함께 또 한 해의 가을을 단풍과 함께 아름답고 풍성하게 느끼고 있다. 공부하는 사람으로서 내게 있어서 책과 도서관은 항상 풍성함과 든든함과 그리고 그 속에서 무엇인가를 얻을 수 있는 것 같은 기대감으로 충만되어 있는 곳이다.

문자가 발명된 이래 인류에게 있어서 가장 큰 문화적 유산으로 책을 꼽는데 나는 결코 주저하지 않는다. 그래서 옛날부터 의식있는 국가의 통치자나 문화를 사랑하는 지식인들은 항상 도서관을 만들어 왔고 그를 통해서 인류의 문화를 보관하며 관리하고 또 계승시켜왔다.

오랜 혁명과 사회적 혼란으로 뒤늦게 근대화의 물결을 탄 중국이 오늘날 외국인이나 학생들에게 매우 뽐내고 있는 것은 그들이 갖고 있는 엄청난 분량의 도서관 장서들이라고 한다.

많은 책을 모으는 것도 어려운 일이지만, 모아진 책을 보관하는 일 자체가 제한된 공간과 관리때문에 더욱 힘든 시대에 우리는 살고 있다. H.G. 웰스의 유명한 소설인 'Time machine'에서 아주 먼 미래에 책이 필요없는 사회를 역설적으로 묘사하고 있듯이, 인터넷 도서관 시대에 있어서 미래의 모습은 우리의 호기심과 우려를 함께 갖게 한다.

지금까지 우리에게 익숙해진 책을 찾고 읽는 방법이 이제 이미 원시적이거나 농경시대의 유물처럼 여겨지고, 젊은 N세대들은 집에 앉아서 인터넷으로 정보를 찾고 흡수할 수 있는 매우 편리한 시대에 살고 있다. 하지만 그것으로 모든 것이 다 찾아지고 해결되는 것은 결코 아니다. 아무리 인터넷 시대라 하더라도 모든 지식을 다 입력할 수는 없을 것이며 또 그를 위해 숙련된 전문인들의 작업과 노력이 크게 필요한 것은 말할 필요도 없다.

그러므로 도서관과 도서관을 다루는 것은 이제 하나의 학문분야가 될 정도로 변화하였다. 그리고 몇십년 전만 해도 낯설게 들리던 도서관학은 오늘날 벌써 낡아 보이고 문헌정보학이라고 하는 새로운 용어가 우리에게 보다 익숙해져 있다. 사실 모든 지식과 서적의 정보가 매우 중요한 오늘날에 있어서 이들 정보를 얻을 수 있는 곳으로 이 도서관만큼 좋은 곳도 없을 것이다. 얼마나 편리한 시대에 살고 있는가에 대해서 놀랄 수 있겠지만, 반대로 얼마나 빠르고 또 많은 정보를 얻어야 경쟁할 수 있는가라는 것은 우리에게 더욱 큰 압박이 되고 있다. 이들을 모두 해결해 줄 수 있는 가장 믿음직한 곳이 도서관임은 여전하다.

물들어 가는 캠퍼스를 보면서 그 밑에 서 있거나 다가서서 단풍잎을 만져보고 싶듯이 우리 인류의 문화가 정성스럽게 담겨져 있는 많은 책들의 페이지 페이지에서 우리의 살아가는 지식과 지혜를 얻기 위해 바짝 다가설 수 있는 마음가짐이 그 어느 때보다 필요하리라 믿는다.

도서관과 장미

권 택 영
영어학부 교수

20세기 후반부, 인상에 남는 책으로 움베르토 에코의 『장미의 이름』을 빼놓을 수 없다. 장미가 이미 꽃의 이름인데 또 이름을 붙여 장미라는 이름을 지었다. 미궁을 헤매는 괴상한 사건의 연속만큼이나 책의 제목부터 수수께끼 같다. 고전 속에 담겨있는 〈웃음의 장〉을 수도승들이 못 보게 만들기 위해 도서관장 요르게는 종이를 풀로 붙인다. 그리고 그곳에 독을 묻혀 책을 보려는 사람이 책장을 넘길 때 침을 바르게 되면 독이 온몸에 퍼져 죽게된다. 사실, 독 문은 책을 넘기다 죽는 얘기는 이미 『아라비안 나이트』에 나오는 소재다. 그러나 에코는 고전에서 힌트를 얻어 죽음의 동기와 범인을 윌리엄 수사가 찾아가는 추리소설을 꾸민다.

이 작품은 그저 단순한 추리소설이 아니다. 책의 무게가 지혜로 넘치는 윌리엄 수사의 추리력에만 있는 것도 아니다. 그보다 마지막 장면의 암시에 있다. 수사는 〈웃음의 장〉을 못 보게 막는 범인

요르게와 마지막 결전을 벌이는데 끝가지 그를 추적하다가 도서관을 몽땅 태우고 만다. 누가 이겼을까. 독자는 쉽게 수사의 손을 들어 줄지 모른다. 그러나 세월이 지난 뒤 도서관이 있던 자리에서 깨어진 기와 조각을 보며 서술자는 두 사람을 다 원망한다. 웃음을 막은 범인을 찾느라고 웃음이 들어있는 책을 몽땅 잿더미로 만들었으니 그 고전을 어디에서 다시 찾을 것인가. 다시 동서이념의 대립을 경고하면서 에코는 인류의 문화유산이 몽땅 잿더미가 될까 두려워했다.

웃음은 자유다. 도서관은 우리를 자유롭게 하기에 소중하다. 보여지는 세상에 살면서 언제나 긴장해야하는 우리를 책은 어머니의 품처럼, 흙처럼, 포근하게 감싸준다. 책은 언제나 변함 없이 늘 거기에 있어 세상에서 상처받는 우리를 품에 안는다. 그리고 낡고 더러워진 옷을 꿰매주고 밥을 든든히 먹여 일터로 다시 내보낸다. 좋은 책은 웃음이다. 설득도 강요도 하지 않고 행복이 도대체 어디에 숨었는지 방향만 가르쳐준다.

우리는 행복을 찾는다고 세상에 나가 이 골목 저 골목 부딪치고 헤매다 다시 도서관에 들어선다. 책의 시선은 가장 편안하고 너그럽다. 미워하지도 고와하지도 않는다. 행복이 숨어있는 방향을 아무리 잘못 짚어도 나무라지도 않는다. 결국 헤매고 부딪치다 늘 다시 찾아오니까. 그래서 에코는 한 송이 장미를 도서관에 바친다. 언제나 갈 수 있고 원하는 책을 볼 수 있고 따뜻하고 아늑해서 다시 세상으로 나갈 힘을 주기 때문이다.

도서관 매니아

최 상 진
국어국문학과 교수

오래 전 일이다. 군을 제대하고 복학을 한 후 나는 강의가 끝나면 곧장 집으로 갔다. 젊은 혈기를 꺾어 버린 유신시대에 갈 곳이라곤 집밖에 없었다. 집은 사람들의 안식처지만 내겐 정신적 도피처였다. 그러던 어느 날 빈둥거리는 내 꼴을 차마 보지 못한 어머니께서 "네가 집에 있으면 가슴이 답답하다."라고 말씀하셨다. 그 날 이후 나는 집 대신 도서관을 택했다. 매일 밥만 담긴 도시락 두 개를 싸들고 도서관으로 향했다. 항상 즐겨 앉는 그 자리에 앉으면 그렇게 편안할 수 없었다. 점심에는 학교식당 50원 짜리 멸치국물로 도시락 한 개를 비웠다. 저녁에는 학교 앞 중국 집에서 100원 짜리 짬뽕국물로 남은 도시락을 비웠다. 밤 11시가 가까이 되어 당직 근무 아저씨들이 눈치를 줄 즈음 자리에 일어나 학교 근처 욕쟁이 할머니 집에 들러 막걸리 한 사발 들이키고 집으로 갔다. 나에게 도서관은 도피처가 아니라 안식처였다. 나는 어느새 도서관 매니아가 되어 있었다.

　도서관에 가지 않으면 뭔가 허전하고 찜찜한 느낌이 드는 사람, 메뚜기를 할 망정 도서관에 가야 공부가 되는 사람은 도서관 매니아의 새내기다. 밤 열 시가 넘은 시간에 도서관을 나오면서 가슴 저쪽에서 뭔가 뿌듯한 기운이 솟아 나는 것을 느끼는 사람, 찾으려는 책이 도서관에 없을 때 분노를 느끼는 사람은 도서관 매니아로서 물이 오른 사람이다. 즐겨 앉는 열람실 자리에 다른 사람이 앉아 있으면 그날 하루를 망쳐 버리는 사람, 새벽 4시에 도서관 문을 두드리는 사람, 일주일에 한 번 이상 책을 빌려보지 않으면 머리 속이 텅 빈 것 같은 느낌을 가지는 사람은 도서관 매니아로서의 경지에 오른 사람이다.

　대학생활에서 도서관은 가장 큰 벗이다. 학교에 나와 빈 강의 시간에 갈 데가 마땅치 않은 사람들은 대개 도서관으로 향한다. 돈 안 들고 시간을 적절히 활용하는 데는 도서관이 최고다. 적어도 하루에 한 번은 가야할 곳이 도서관이다. 도서관 매니아가 아니더라도 발 길 닿는 데로 가다보면 도서관에 가 있어야 한다.

　도서관에는 앞서 공부한 사람들의 이야기가 산더미처럼 쌓여 있다. 그 많은 이야기 중에서 내게 필요한 이야기를 찾아내었을 때의 기쁨은 느껴본 사람만이 알 수 있다. 우리가 도서관을 즐겨 찾는 참 이유가 바로 여기에 있다. 도서관을 즐겨 찾는 사람들은 분명 자신의 앞날을 창의적으로 이끌어 낼 수 있는 사람이다. 대학이 좋다 나쁘다를 따지려 할 때 대학 도서관의 시설과 환경이 잣대가 되기도 한다. 대학에 도서관 매니아가 넘쳐나면 넘쳐날수록 그 대학은 행복하고 아름답다.

　더 나은 미래를 꿈꾸는 학생이라면 이미 학교생활의 절반 아니 그 이상을 도서관에서 지낼 것이다. 도서관 매니아가 도서관을 사랑하듯 도서관은 도서관 매니아를 사랑한다. 아깝고 소중한 그들을 위해 쾌적하고 기분 좋은 도서관을 마련해 주고 싶은 마음 간절하다.

상아탑의 심장, 도서관

김 종 회
국어국문학과 교수

번개가 전기라는 것을 증명한 벤자민 플랭클린이 미국 필라델피아에서 인쇄업을 하고 있을 때의 일이다. 한창 향학열에 불탄 그는, '장토'라는 클럽을 만들고 매주 금요일을 모임의 날로 하여 사람들을 모았다. 그렇게 모인 사람들은 정치나 과학 등 여러 분야의 문제를 토론하며 지식을 얻고 또 공유했다고 한다.

어느 하루는 플랭클린이, 각자 책 한권씩 가지고 와서 무엇인가를 조사할 일이 생겼을 때 읽어보고 토의하자는 제의를 하였다. 그러자 '장토' 클럽 회원들은, 미국 내에서는 물론이고 영국 등 외국에서 구입한 책들을 모두 가지고 와서 모임 장소의 한 구석에 쌓아놓고 돌려가며 읽었다.

이 일을 계기로 플랭클린은 공립 도서관 조합을 만들어 독서 인구의 저변 확대를 위한 시스템을 구축하기 시작했다. 최초의 책 구입비로 일정한 금액을 지불하고, 얼마 후 추가 구입비를 일정한 기일에 납부하는 방법으로 회원을 모집했다. 이것이 조합 도서관으로 발전했고 미국에 있어서 도서관의 시초가 되었다 한다.

개척자의 길, 선각자의 길이란 언제나 어렵고 힘든 것이지만, 오늘날 우리가 너무도 쉽게 접할 수 있는 도서관의 첫 출발은 이토록 그 길이 험난했던 것이다. 지식 정보화 사회에 전자 도서관을 향해 나아가고 있는 상황에 이르러, 우리는 한번쯤 발걸음을 멈추고 저 도서관의 첫걸음 단계를 생각하며 도서관의 존재양식과 그 의미를 되새겨 보는 것이 좋겠다.

말인즉슨, 우리 모두 먼저 도서관에 감사하는 마음을 갖자는 것이다. 그것은 겉치레의 수사로 도서관을 상찬하거나 도서관 관계자들의 노고를 치하하자는 말이 아니다. 도서관이 그 본연의 사명을 다하도록 도서관을 즐겨 활용하며 책을 사랑하고 자주 도서관을 찾자는 뜻이다.

필자로서는 올해 어쩌다 도서관 위원이라는 벼슬(?)을 얻어 '중앙도서관위원회'에 참석해 보았는데, 기실 사전에 예산을 확보해 놓은 도서구입 요청의 수요가 해마다 그 목표에 미달된다는 것이었다. 때로는 잘 몰라서이기도 할 터이고 또 때로는 그 신청의 방식이 손에 닿지 않아서 일지도 모르는데, 우선 필자부터 꼭 필요한 책의 구입을 도서관에 열심히 신청해 볼 요량이다.

오늘날의 도서관은 단순히 책을 빌려보고 또 책을 읽는 한정적 공간의 개념을 이미 넘어섰다. 미상불 우리는 벌써 보았던 것이다. 우리 대학의 도서관에서 시인이나 작가를 초청하여 '독서 토론회'

를 개최하고, 심지어는 '작은 음악회'까지 열고 하던 것을 말한다.

물론 그러한 문화적 부대 행사들이 도서관 자체의 본질을 넘어 갈 수야 없는 일이다. 불야성을 이루는 도서관, 그 이성적 등불과 진리의 빛은 결국 근본에 있어 벤자민 플랭클린의 의도와 다를 바 없다. 그래서 일찍이 J.보즈웰은 "인간은 한권의 책을 쓰기 위해 도서관의 절반을 뒤질 수도 있다"고 했었다.

'상아탑'이라는 고귀한 수식어로 불리는 대학의 심장부가 곧 도서관이다. T.카알라일이 「영웅과 영웅숭배」에서 "현대의 진정한 대학은 도서관이다"라고 한 그 레토릭은, 우리로 하여금 진정 우리의 심장을 아끼고 사랑할 것을 재촉하고 있다.

대학생활과 도서관

이 경 희
교육대학원 명예교수

대학에는 신입생들의 발소리와 함께 봄이 온다. 어쩐지 대학생활이 낯설어 보이고 막연한 기대감으로 여기저기 기웃거리고 있는 학생의 모습을 보면 영락없는 신입생이다. 그들을 보면 절로 따뜻한 웃음이 피어오르며 또 봄이 왔구나 생각하게 된다.

그 때마다 나는 옛날 등용문으로 걸어 들어오던 나의 신입생 시절과 유학 시절이 떠오른다.

철없고 젊은 시절에 내가 품었던 꿈과 의욕 그리고 어떤 환경에도 꺾일 줄을 모르던 생의 의지가 내 맘속 깊은 곳에서 새롭게 용솟음치곤 한다.

그 시절 내 대학 생활의 중심은 도서관이었다. 나는 도서관에서 쉬고 공부하고 끊임없이 읽고 생각하였다. 수업 시간 사이에 특별히 갈 곳이 없으면 도서관에서 쉬었고 수업을 마치면 허기진 사람처럼 내가 고민하는 문제들의 해답을 책 속에서 찾곤 했다. 그렇게 무언가에 몰입할 때면 아무 것도 없어도 세상에서 내가 가장 행복한 사람이었다. 고황산에서 울리는 소쩍새의 울음을 뒤로하고 저녁 늦게 집으로 돌아갈 때면 이미 머릿속에서 내일을 계획하고 있었다.

유학을 가서도 도서관은 내 생활의 중심이었다. 모든 세계의 도서를 다양하게 많이 구비하고 있는 도서관을 보는 순간 나는 너무 좋았다. 책을 한 보따리 빌려서 일주일 내내 도서관에서 공부하다가 주말이면 그 책들을 반납하고 빈 보따리에 새 책을 가득 채워 집으로 돌아갈 때가 가장 즐거웠다. 많은 것을 해냈다는 성취감과 설레임으로 발걸음에 힘이 가득 차 있었다.

나는 지금도 세계 어느 도시에 여행을 가든 학교 일로 출장을 가든 제일 먼저 그 도시의 대학과 도서관을 찾는다. 나는 아무리 낯선 도시에 가더라도 도서관에만 들어서면 이 편안함을 느낄 수 있어 그 도시에 적응할 수 있게 되기 때문이다.

나는 지금도 대학의 중심은 도서관이라고 생각한다. 교수의 연구와 교육, 학생의 학습과 연구는 도서관에서 이루어져야 한다. 도서관을 중심으로 교수의 연구와 학생의 성장이 유기적으로 이루어질 때 진정한 대학이 될 수 있다. 그러므로 도서관이 내실화되고 발전될 때 대학의 모든 활동이 내실화 될 수 있는 것이다.

또한 대학의 국제화도 도서관의 국제화에서부터 시작된다고 나는 믿는다. 도서관에서 온세계의 다양한 책과 자료를 만날 수 있을 때, 우리의 학생은 국제적인 학생이 될 수 있다. 또한 국제화된 도서관에서 도서관을 이용하는 삶을 완전히 익힌 사람은 아무리 낯선 곳에 가서도 연구하고 학습할 수 있게 된다. 그러므로 국제적으로 사고하고 국제적으로 탐구하는 사람, 국제적인 적응력을 가진 사람은 국제화된 도서관에서 만들어진다.

대학의 도서관은 마치 신비한 바다 속과 같다. 상상할 수 없이 많은 물고기들이 아름다운 비늘을 빛내며 유영하는 곳, 수많은 바다식물들이 푸르고 싱싱하게 자라고 있는 곳, 아름다운 산호들이 곳곳에서 빛나는 바다와 같은 곳이다. 우리는 도서관에서 바다를 바라보는 법이 아니라 바다 속을 탐험하는 법을 배워야 한다. 그 바다 속을 모험하는 즐거움을 익혀야 한다. 이렇게 바다 속을 탐험하는 즐거움을 누리기 위해 우리는 도서관에 장비된 Research Tools(연구도구)을 사용하는 법을 익혀야 한다.

지금 우리의 도서관에는 국내, 국외의 학술지들이 비치되어 있고 해외학술정보 통합디렉토리 서비스인 UniDir(Uni-Directory)을 실시하고 있다. 그리고 많은 CD-Rom이 비치되어 있어 우리의 탐험을 기다리고 있다. 또 우리의 스쿠버 다이빙을 도와주기 위해 전문사서 선생님들이 만반의 준비를 하고 기다리고 있다. 이제 우리는 뛰어들기만 하면 되는 것이다.

나는 이제 경희의 새 식구가 된 신입생들 그리고 이미 한 가족이 된 학생들을 바라보며 이야기하고 싶다. 그 깊은 바다 속을 같이 스쿠버 다이빙하는 즐거움을 가져 보자고, 그리고 드넓은 세계 속에서 우리가 본 신기하고 새로운 것들을 같이 이야기해 보자고.

사색과 다이어트

유 원 준
사학과 교수

　지구상에 인류가 출현한 이래 지역과 인종을 넘어서 모두가 꿈꾸었던 최대 소망은 아마도 '배불리 먹는 것' 이 아니었을까? 주린 배를 채우기 위해 사냥과 채집에 나섰던 구석기시대는 말할 것도 없고, 이른바 제1차 산업혁명이라는 '신석기 농업혁명' 을 통해 전례 없던 풍요를 누리게 되었다고 해도 절대 다수의 사람들은 여전히 굶주림을 면하기 힘들었고, 곡식을 갖고 있다고 해도 밥을 만들기 위해서는 방아를 찧고, 나무를 베어 불을 때야 하는 힘든 과정을 겪어야만 했다. 보약과 정력제라면 천연 기념물까지도 마다하지 않는 일부의 잘못된 습관은 바로 오랜 세월 굶주림과 싸워오면서 체내에 축적되어 온 가난했던 시절의 유전자 때문일지도 모른다.

　하지만 오직 먹기 위해서 산다고 해도 과언이 아니었던 인류가 최근에는 맛있고 기름진 음식 대신 푸성귀와 잡곡밥을 찾는 놀라운 변화를 보여주고 있다. 신문과 잡지에는 '다이어트' 관련 기사와 광고가 넘쳐나고 있으며, 햄버거가 비만의 주범으로 소송의 대상이 되기도 한다. 다이어트 성공담은 모두에게 화제가 되고 다이어트에 성공한 사람은 주변의 부러운 시선을 한 몸에 받는다. 그러고 보면 다이어트야말로 인류역사에 대한 최대의 도발이자 거역이라고도 할 수 있다.

넘쳐나는 풍요를 주체하지 못하는 것이 어찌 우리의 몸 뿐이겠는가? 도서관 서가를 가득 매운 장서, 목록마저 읽기 힘들 정도로 쏟아져 나오는 신간 서적들을 볼 때마다 지식과 정보의 홍수 속에서 내가 서 있음을 새삼 느끼곤 했다. 과거에 독서의 중요성을 강조하는 말로 흔히 회자되던 말이 바로 '男兒須讀五車書'이다. 모름지기 다섯 수레의 책은 읽어야한다는 말인데, 다섯 수레분의 책이라면 대단히 많은 듯하지만 竹簡에 쓰여진 다섯 수레의 책에 과연 얼마나 많은 지식 정보가 담겨 있었을까? 동화책과 소설책, 교과서와 참고서는 물론이고 매일 40면에 달하는 신문을 읽고, 쉴 새없이 광고를 듣는 우리는 적어도 이미 50수레의 책은 족히 읽었다고 해도 과언이 아닐 것이다. 하지만 그럼에도 불구하고 내가 지닌 지식은 오히려 갈수록 왜소해지고, 나이에 맞는 지혜와 마음 씀씀이가 따라오지 않는 것은 무엇 때문일까?

해마다 4월이면 많은 사람들이 경희인을 부러워한다. 이렇게 아름다운 캠퍼스에서 생활하니 얼마나 행복하냐고 말이다. 그런 이야기를 들을 때마다 나는 내가 갖고 있는 행복에 감사할 줄 모르는 어리석음에 새삼 놀라곤 한다. 목련의 화사한 자태, 벚꽃의 눈부신 청아함, 이 모든 것이 오랜 세월 동안 얼마나 많은 사람들이 수고하고 땀흘려서 이루어진 것인지를 너무 쉽게 잊고 사는 나의 망각에 대하여 말이다. 이 아름다운 계절에 도서관에 앉아 열심히 책을 보고 공부하면서도 한 줄의 시를 쓰기 위하여 수없이 고뇌하는 시인의 마음을 헤아려보고, 고서에 담긴 깊은 사색과 지혜에 경의를 표하며, 그것을 보존하고 전하기 위해 수고한 사람들의 노력에 감사할 줄 아는 진정한 여유가 책에 담긴 지식을 나의 지혜로 바꿔주는 필수 비타민이 될 것이다.

　도서관 2층 열람실에 쓰여져 있는 도연명의 '귀거래사', 국화꽃 향기 뚝뚝 떨어지는 그 아름다운 글이 있는지조차도 모른 채 토익, 토플 책에만 매몰되어 있다면 이 아름다운 봄이 너무 아깝지 않은가?

어디가? 도서관에!!

황 춘 섭
의상학과 교수

얼마 전, 내 친구와 함께 차를 마시던 어떤 친구가 말하더란다. "우리 집에 100만원이 넘는 철제 막옷걸이가 생겼어"라고. "100만원이 넘는 철제 막옷걸이?" 무슨 소리냐며 의아해 하는데 내 친구에게 읊어준 그 친구의 얘기는 다음과 같았단다.

두세 달쯤 전에 우리 가족도 운동을 해보자고 100만원이 넘는 러닝머신을 샀다. 처음 한 달쯤은 자신을 포함해서 온 가족이 경쟁하듯이 열심히 러닝머신 위에서 달렸다. 그런데 곧 다들 이 핑계 저 핑계를 대면서 러닝머신을 피하기 시작했다. 그러다 이젠 아예 그게 운동기구란 것조차 잊은 채 거기다 옷이나 걸쳐 놓고 한다는 것이었다.

사실 우리 주변에는 이렇게 비싸게 사서는 정작 그 몇 10분의 1 값만큼도 활용하지 않는 물건들이 꽤 있는 것 같다. 나 역시 비싼 식기 세척기를 그냥 그릇 보관함으로 쓰고 있다. 도서관을 마련해

놓고도 정작 우리가 활력있게 활용하지 않는다면, 어찌 상아탑의 심장이라 일컬어지는 우리 도서관이 심장 역할을 제대로 할 수 있겠는가. 게다가, 혹은 좀 모자란다 멀리 하고 찾지 않는다면 그 부족한 곳을 누가 제대로 진단해서 채워줄 것이며, 누가 좀 더 튼튼한 심장으로 치유해 줄 건가.

바야흐로 이제 우리 도서관은 정보나 자료를 찾고 책을 필요로 할 때뿐만 아니라, 지란지교를 꿈꾸면서 찾아가도 좋은 곳이 되었다. 시인들과의 독서 토론회가 있고, 작은 음악회가 열리는 곳이기에 말이다. 그야말로 눈처럼 냉정하고, 불처럼 뜨거워지는 방법을 제대로 연마하려거든 도서관을 부지런히 애용하자. 도종환의 싯귀처럼 정녕 태산같은 자부심을 갖고 누운 풀처럼 자기를 낮출 수 있는 깊은 길을 발견하려거든 도서관을 자주 찾자. 혹 내가 바로 도서관을 그 "100만원이 넘는 철제 막옷걸이" 신세로 만들어 가는 장본인이 아닌지… 지금 한번 꼭 돌아보자. 그래서.

"도서관에!!" 라고 답하자, 친구가 "어디가?" 하면.

봄소식

정 순 홍
중앙도서관 사서

꽃대궁인 양,

뜰앞에 한그루 피어오른

유채꽃 연노란 그늘 가지 사이로

작은 벌새 하나 찾아와 무심코 노래하네

적막강산,

겨우내 빈 들판 끝자락 어디메서

노오란 부리 달고 종아리 세우고 지나가다

이 파아란 봄길을 찾아 문안 인사 나왔는가.

그대 앉았다 떠난 아름다운 그 자리.

흔들리는 어린 가지마다 더운 온기만 남아,

그 누구도 모를 한 때를 아쉽게도 찰랑거리나니

꽃봉오리 그늘에서 그늘로 이어진

가이없이 흐르는 젖은 눈길이여.

[해설]

봄이 찾아왔습니다. 봄 소식과 함께 어김없이 이번에도 어려운 경쟁률을 뚫고 우리 대학에 입학한 새내기이신 여러분들 모두, 경희의 이름으로 축하를 드립니다.

중앙도서관은 아시다시피 자료 이용의 보고입니다.

무궁무진한 도서와 자료(전자자료)를 본인의 의지로써 어떻게 활용할 것인가를 새내기이신 여러분은 진지하게 고민해야 합니다.

도서관을 제 집처럼 자주 이용함으로써 졸업할 즈음에는 신지식 인으로서 재무장한 고양된 자아의 성취를 맛볼 수 있으리라 확신합니다.

앞으로 도서관에 대한 많은 사랑과 관심 부탁합니다.

▌통권 60호

Law Study in Kyung Hee Law Library

이 청 아
법학부 학생

'밝고 맑은 햇살이 푸른 나뭇잎들 사이로 내리쬐는 하버드의 캠퍼스 벤치의자에서 검은 뿔테 안경을 낀 공부 잘하게 생긴 잘생긴 법학도가 두꺼운 원서를 진지한 표정으로 읽고 있다. 어느 정도 시간은 흐르고, 책을 읽던 그 법학도는 책을 덮고 기지개를 편 뒤, 일어서서 어디론가 뛰어간다.

그가 향한 곳은 하버드의 도서관. 그 곳은 24시간 공부벌레들이 학문을 탐독하는 곳이다. 학생들은 저마다 노트북을 그의 앞에 놓고, 무언가 매우 바쁜 듯 열심히 공부를 한다. 커다란 도서관에는 많은 자리가 있지만, 빈자리를 찾기가 쉬운 일이 아닌지, 그 법학도는 빛이 드는 커다란 도서관 창 밑에 기대서서 도서관을 바라보고 있다. 그와 비슷하거나, 또는 다른 이유로, 다른 학생들도 창가에 기대 책을 보거나, 책장이 늘어선 사이사이 바닥에 앉아 책을 읽고 있다. 얼마 뒤, 그는 자리를 발견하고 그 곳에 앉아 자리를 잡고, 필요한 책들을 가지러 책장으로 간다. 방대한 양의 책이 그 곳에 있고, 그가 원하는 책은 얼마든지 있다. 그 책들 하나하나는 학생들의 손때가 묻어 멋스럽게 낡아있다. 그는 그의 얼굴을 가릴 정도로 많은 책을 쌓아 들고 자리로 돌아와 한권, 한권 열정적으로 공부하기 시작한다......'

위에서 내가 묘사한 풍경은 뭔가를 공부하고 있는 학생이라면, 대부분 한번쯤은 상상해 보았을, '정말 그런 곳에서 그렇게 공부하고 싶다.' 라는 생각을 해 보았을만한 풍경일 것이다. 세상에는 많은 도서관이 있고, 나름의 멋을 지니고 유구한 역사를 지닌 도서관이 많지만, 하버드같이 많은 지도자를 배출해내고, 수많은 젊은 인재들이 공부하는 학교 캠퍼스를 뛰어다니며, 그 곳 도서관에서 공부할 수 있는 기회를 맞는다는 것은 참 많은 매력을 지닌 일이 될 것이다.

우리 경희대학교 애국 법대의 도서관 체험기에 왜 이러한 언급을 하느냐하면, 리모델링한 법대와, 법대 도서관을 처음 보는 순간, '아, 공부하고 싶다. 이런 곳에서라면 정말 열심히 해 볼만 하다.' 는 생각이 들었기 때문이다. 굳이 하버드 같은 외국 명문대학에 나가지 않고도 대학생으로서의 로망을 우리 학교에서 맘껏 느끼며 즐겁고, 행복하게 공부를 할 수 있겠다는 생각이 들어서이다.

우리학교 중앙도서관이 하버드 도서관과 비슷한 컨셉으로 고전미를 자랑하며 많은 학생들의 사랑을 받고 있지만, 리모델링한 법대 도서관은 그와는 또 다른 현대미를 가지고 있다. 깔끔하고 깨끗하며, 뭔가 정돈되어 있으면서도 밝은 분위기이다. 도서 검색대, 신문 보는 공간, 전산정보실, 편히 앉아 쉴 수 있는 의자, 책장들, 커다란 공부 책상, 노트북 놓는 책상 등등... 법대 도서관의 부속물들은 적절한 자리에 효율적으로 배치되어 보기에도 좋고, 이용하기에도 편리하게 배치되어 있었다. 또한 도서관 입구 바로 왼편에 위치한 안내창구의 약 4-5명 정도의 도서관 직원들이 학생들의 문의 사항, 대출 등의 편의를 많이 도와주어 학생들이 도서관을 보다 효율적으로 이용할 수 있게끔 했다.

요즘 우리 학교에 벚꽃이 흐드러지게 피었다. 이것을 보러 많은 사람들이 우리 학교를 찾고 있는데, 다른 대학에 다니고 있는 내 친구도 며칠 전에 학교 구경을 왔었다. 학교를 둘러보던 친구의 연이은 감탄사 남발에 나는 매우 기분이 좋았고 어깨가 으쓱했다. "역시 너희 학교는 캠퍼스가 짱이다. 공부만 더 열심히 하면 되겠네." 계속 내 기분을 좋게 하는 말만 하던 친구가 이런 말을 했다. 이 말에 나는 어딘가 모르게 기분이 찝찝해졌다. 어딘가... 캠퍼스는 좋은데 공부는 열심히 안 한다는 의미로 다가왔다고나 할까? 그래서 골똘히 생각한 끝에 생각난 곳이 이번에 멋지게 리모델링 공사를 한 법대 도서관! 나는 다리 아프다는 친구를 이끌고 법대 도서관으로 향했다. "책 빌릴게 있어서."라고 말하며 친구를 데리고 도서관에 도착했다.

"와~!!!(이 말에는 많은 의미가 함축되어 있다.)"

예상했던 반응이었다. 평소처럼(?) 도서관에는 공부를 열심히 하는 학생들이 많이 있었다. "야, 도서관 진짜 좋다~ 이런 데에서라면 공부할 맛나겠는데?"

"우리 학교 학생들 요즘 진짜 열심히 해. 좀만 있어봐, 우리나라 3대 명문 사학 반열에 낄 거라구~!" 나는 신이 나서 이렇게 대답했다.

나는 친구가 캠퍼스 풍경을 보며 부러움을 나타낼 때의 뿌듯함보다, 법대 도서관을 보며 탄성을 질렀을 때의 기분이 더 좋았다. 그 이유가 뭘까? 대학은 학문의 요람이라고 하지 않는가? 대학의 본질이 학문에 있는데, 아름다운 캠퍼스에 대한 칭찬만으로 우리 학우들이 만족할 수 있겠는가? 물론, 강의를 듣는 강의실도 좋아야겠지만, 진정 자신의 공부를 하는 공간은 도서관이 아니겠는가? 그 공간이 아름답고, 실용적이고, 편안한 곳이라면, 그보다 학생들에게 좋은 학습 환경이 따로 있겠는가? 이런 이유로 나는 내 친구의 도서관 칭찬(?)에 매우 기분이 좋았었다.

작년에 종영한 드라마 중에 '러브스토리 인 하버드' 라는 드라마가 있었다. 이 드라마 속에는 하버드 로스쿨에 다니는 남자 주인공과, 하버드 메디컬스쿨에 다니는 여자 주인공이 등장한다. 이 드라마 속에는 다른 드라마에서 쉽게 볼 수 없는 장면이 많이 나온다. 도서관에서 밤을 새워 공부하는 주인공, 도서관 앞 벤치에 앉아 책을 읽는 주인공, 교수님의 판례집을 더 먼저 보기위해 신경전을 하는 학생들, 모두가 열심히 공부하는 하버드의 도서관 내부 풍경... 이 드라마의 주인공들은 하버드 안에서 사랑을 했지만, 나를 비롯한 법대 학우들은 경희대학교 법대도서관 안에서 법 공부를 한다

는 의미로,

'Law Study in Kyung Hee Law library.'

라는 구절을 떠올려 보았다. 물론 지금의 법대도서관에서라면 법 공부뿐만 아니라 사랑도 잘 할 수 있을 것 같다. 그만큼 법대도서관 은 실용적이고, 아름답고, 편안하며, 행복한 공간이 되었고, 앞으로 도 우리 학우들이 열심히 공부해서 사회에 이바지할 수 있는 인재 들이 많이 된다면 우리대학 법학 도서관의 위상은 더더욱 올라갈 것이다.

내가 위에서 쓴 내용들은 어쩌면, 리모델링한 법대 도서관을 너 무 넘치게 예찬한 것처럼 보일 수도 있다. 하지만, 생각을 바꾸자. 내가 속한 이 경희대학교에 이런 멋진 공간이 자리 잡게 되었다는 사실에 기뻐하자. 법대 도서관을 끊임없이 오가며 행복하게 공부 하자. 이 공간을 사랑하고, 자주 들르다 보면 어느새 이 공간이 나 자신을 더 멋진 사람으로 만들어 주게 될 것이다. 그렇게 되면 내가 공부했던 이 공간을 사랑하고, 아껴주는 사람들은 더더욱 늘어나 고, 우리 학교는 지금보다 훨씬 발전하게 될 것이다.

명심하자. 이것을 '누이 좋고 매부 좋다' 라고 하는 것이다.

법대 도서관 파이팅~!!!

새 봄에 거는 기대

김 진 영
국어국문학과 교수

우리 대학은 교문이 登龍門이다. 출신이 본래 무엇이었든 간에 일단 이 문을 들어오게 된 경희가족 모두는 응당 용이 된다. 용이란 무엇인가? 각 분야 최고의 전문가요, 지도자이다. 대학은 무엇하는 곳인가? 學問하는 곳, 바로 학문의 전당이다. 무엇보다 이곳에서는 최고의 학문을 수학하고, 최고의 학자가 배출되어 마침내 경희학파가 우뚝 형성되어야 마땅하다.

사람들은 흔히 대학의 심장이 도서관이라고 한다. 심장이 힘차게 뛰어야 사람이나 기관이나 건강하고 활기차게 발전할 수 있다. 건강해서 무엇하자는 것인가? 열심히 공부하고 연구하여 얻은 소중한 성과와 보람을 우리 이웃과 나누려는 아름다운 꿈을 실현하자는 것이다.

도서관이 심장의 기능을 제대로 수행하자면 먼저 학문 도약의 좋은 통로가 되어야 한다. 각종 도서를 비롯한 학문의 도구들을 완비하고, 공부하기 위한 최적의 여건을 갖추어 학생, 교직원, 동문들과 지역사회에 서비스해야만 한다.

이를 위해 우리 도서관은 일차로 국내 대학 중 최고의 기반을 갖춘 도서관으로 도약하고자 한다. 최고 수준의 장서와 각종 연구자료, 열람실, 세미나실, 전자정보실, 문화 휴게실 등 각종 편의시설들이 완비한 도서관으로 거듭나고자 한다. 이를 위해 모든 구성원들의 적극적 동참이 있기를 기대한다.

그보다 더 중차대한 것은 도서관 학구파를 배가(倍加)하는 일이다. 우리 학교를 빛낸 사람들은 대다수가 대학시절 도서관에서 원 없이 공부해 온 사람들이 아니던가. 인간을 분류하는 기준은 수없이 많겠지만, 그 중 하나는 공부하는 사람과 공부하지 않는 사람으로 나누어보는 것이리라.

우리 경희가족은 누구나 등용문에 들어선 용이니 평생을 두고 공부하는 사람으로 살아야 하지 않겠는가. 일찍이 주자는 「권학문(勸學文)」에서 이렇게 공부하기를 권장하였다.

오늘 공부하지 아니하고 내일이 있다고 말하지 말라
올해 공부하지 아니하고 내년이 있다고 말하지 말라
해와 달은 지나가나니 세월은 나를 위해 기다려주지 않는다

아아 늙었도다 이것이 누구의 허물이란 말인가

평상시에도 항상 초롱초롱한 눈빛의 학생들로 차고 넘치는 도서
관은 결코 나의 꿈만은 아니리라.

새 학기 특별한 만남을 도서관에서

김 진 극
사무처 교직원

나는 대부분의 경우 해결할 문제가 생기거나 무엇인가 궁금한 것이 있으면 우선 책에서 그 해답을 찾으려는 습관이 있다. 사실 도서관을 자주 드나들기는 하지만 자리 잡고 공부를 하거나 특별히 다른 목적이 있어서 가기보다는 단순히 이런 저런 일을 하면서 생기는 다양한 문제나 당면한 과제를 해결하기 위해 도서관을 찾는 경우가 많다. 일상생활 속에서 멀티미디어를 쉽게 접할 수 있는 요즘, 한 포탈사이트는 이미 지식사전의 대명사가 되어버린 지 오래되었지만 아직도 도서관에서 책을 통해 문제를 해결하려는 시도는 아무래도 시대에 뒤떨어진 것은 아닐까?

'좋은 책 한 권이 한 대학과 맞먹는다.' 라는 말이 있다. 책 한 권의 중요성을 대변하는 말이다. 나는 이 말에 전적으로 공감한다. 사람들은 과거와 현재 그리고 미래로 가는 시간의 흐름 속에서 다양한 만남을 가진다. 자신의 삶에 큰 변화를 주는 사람과의 만남이 아니더라도 다양한 형태의 특별한 만남이 있을 수 있다. 사실 어느 구름에 비가 올 지 모르는 일이다. 수많은 만남 속에서 특별하게 기억되고, 일생을 통하여 큰 전환점이 되는 순간이 있었다면 이는 그 사람에게 있어 하나의 큰 사건이 아닐 수 없다. 도서관에서 만나는 한 권의 책에는 이런 의미에서 단순한 공간으로서의 의미를 넘어 시대를 관통하는 시공간으로서의 의미가 존재한다. 새 학기를 시작하면서 우리 구성원들의 새로운 만남, 소중한 책과의 특별한 만남이 과거와 현재 그리고 미래를 관통하는 새로운 경험을 축적해 나가는 공간인 도서관에서 이루어졌으면 좋겠다.

3년 전 도서관에서 나는 한 권의 좋은 책과의 소중한 만남이 이루어졌다. 스티븐 코비의 '성공하는 사람들의 7가지 습관'이라는 책이다. 1994년에 번역되어 소개된 책으로 많은 사람들에게 너무나 잘 알려진 책이다. 퍽 늦게 그 진가를 알고 읽게 되었지만 특별히 이 책은 나에게 많은 변화를 주었고, 지금도 지속적으로 영향을 받고 있다. 리더십과 관련된 각종 교육 프로그램이나 세미나에 참석하는 계기가 되었으며, 무엇보다도 성공적인 삶을 살아가기 위해서 필요한 좋은 습관이 무엇이며, 이 습관을 갖기 위해서는 어떤 원칙과 패러다임을 가지고 행동해야 하는가에 대한 생각의 틀을 마련해 주었다. 참으로 좋은 멘토를 만난 셈이다. 일상생활 속에서 생각하고, 마음에 결심하고 그리고 결심한 것을 실천함으로써 대단히 좋은 효과를 얻는 심신단련의 4가지 차원, 즉 신체적, 사회·

감정적, 정신적 그리고 영적 차원에 대한 내용이다. 구제적인 비전과 목표는 사람마다 다르다 할지라도 누구나 예외 없이 지켜야 할 원칙과 사물을 보고 판단하게 하는 올바른 패러다임을 갖는 것은 삶에 대한 새로운 통찰력을 갖게 한다. 또한 삶의 방향을 정확히 설정하고 저마다 세운 목표를 향해 최선을 다해 노력하는 모습은 참으로 아름답다 할 수 있다.

오늘도 우리는 어김없이 매 시각을 알리는 도서관 종소리를 듣는다. 새 학기를 시작하면서 늘 들었던 종소리가 아닌 새로운 의미의 종소리로 다시 들어보면 어떨까? 사사로운 물건이나 행동에 자기 나름대로의 의미를 부여하면 때에 따라 대단한 효과를 얻을 때가 있다. 아무리 작은 선물이라도 가장 사랑하는 사람으로부터 받았을 때는 그 물건의 가격이 문제가 되지 않는다. 이제 이 종소리를 새로운 시작을 알리는 간절한 마음을 담은 '책들이 부르는 소리' 로 들어보자. 그리고 올 가을에는 각자의 삶에 변화를 주는 소중하고 대단한 만남이 도서관에서 꼭 이루어졌으면 좋겠다.

날마다 오는 도서관,
내 마음의 놀이터

이 윤 성
영어학부 겸임교수

도서관에 가고 싶은 생각을 불러일으키는 문구이니 꽤나 유혹적인 구호이다. 이 가을 내 마음 혹은 내 영혼을 살찌우기 위해 가야할 곳은? 곧바로 도서관이란 단어가 입에서 튀어 나온다면, 그것은 너무도 성급하고 조금은 식상한 미리 준비된 답일 가능성이 농후하다. 영혼의 양식을 채우기 위해 가야하는 곳이 어디 도서관뿐일까? 여러 곳이 있을 수 있지 않을까? 미술관, 박물관, 연주회장, 화려한 오페라하우스, 아니면 붉은 단풍이 물들어 오는 근교의 산자락 등등. 하지만 그 가운데서 으뜸은 도서관이 아닐까. 왜? 보르헤스가 말한 것처럼 도서관이 천국과 같은 곳이기 때문은 아닐까. 더욱이 주머니가 가벼운 사람들이 손쉽게 천국을 경험할 수 있다니, 그 보다 좋은 일은 없을 테니 말이다. 그 놀이터가 천국이라면 도대체 날마다 천국에 가지 않을 이유가 무엇이란 말인가.

과연 천국이란 곳은 어떻게 생겼을까. 날마다 가고 싶은 내 마음의 놀이터는 어떤 모습일까. 천국을 경험한 적이 없으니, 천국이 아닌 이 지상의 모습과 반대로만 생각하면 되는 걸까.

도서관 안으로 들어서는 순간, 한 번도 본 적이 없는 온갖 신기하고 새로운 책들이 가득한 서가 사이에서 누구의 방해도 받지 않고 마음껏 놀 수 있다면 그곳은 분명 밖의 세계와는 다른 장소일 것이다. 책장을 넘기는 소리만이 간간히 들려오는 고요한 곳. 팔을 뻗어 손이 닿는 곳에서 원하는 책을 마음대로 꺼내 볼 수 있는 곳. 오랜 시간 앉아서 책을 읽은 우리들의 지친 육신을 받쳐줄 비싸지는 않지만 한없이 편안한 의자가 있는 곳. 원하는 책과 자료가 어느 서가에 꽂혀 있는지 쉽게 찾을 수 있도록 네트워크가 완비된 컴퓨터 단말기와 조용한 프린터 몇 대, 그리고 책을 읽는 도중에 원하는 부분을 복사할 수 있는 복사기 몇 대가 준비된 곳. 책을 읽느라 피로해진 눈을 감고 향긋한 커피 한잔을 마시며 잠시 쉴 수 있는 조그만 공간. 우리들의 조용한 놀이터가 이 정도만 된다면, 그곳은 분명 천국과 그다지 다른 곳은 아닐 것이다.

밖에서 말하는 것처럼 도서관이 최첨단의 장치들로 가득할 필요가 있을까. 어쩌면 요즘 사람들의 집안이 도서관보다 더 훌륭한 첨단 전자 장비로 가득 차 있을지 모른다. 모든 책을 디지털로 만들어 놓으면 우리는 그 전자책을 눈이 빠져라 열심히 읽을까. 전자책을 읽어 본 사람만이 안다. 전자책을 읽는 우리들의 최대 독서시간이 결코 길지 않다는 사실을 말이다. 아마 그 전자책의 일부를 종이 위에 인쇄해 읽는 경우가 압도적으로 많을 것이다. 도서관에서 모니터에 코를 박고 무엇인가 열심히 보고 있는 사람이 있다면, 그 사람이 보고 있는 것은 책이 아닐 확률이 높다. 그것은 아마도 열에 아홉 인터넷 쇼핑몰 광고 전단이거나, 아니면 친구들이 보낸 쪽지, 그것도 아니면 어젯밤 놓친 텔레비전 드라마일 것이다. 아날로그 자료의 디지털화만이 교육의 전부가 아니라는 말이다. 놀이터가 최첨단의 장치들(이 경우 최첨단 보안 시스템이 빠질 수 없겠지만)로 가득할 경우, 놀이에 열중하는 것은 인간이 아니라 그런 장치들 자체이기 십상이다. 더욱이 마음의 놀이터가 최첨단 장비의 과도한 전시장일 필요는 없다. 첨단 보안시스템과 메가 컴퓨터에 연결된 네트워크만이 24시간 돌아가는 우리들의 놀이터를 상상해 보라. 안타까운 일이지만 그것은 상상이 아니라 이미 현실의 일부이기도 하다. 교육과 최첨단 테크놀로지와의 결합은 조심스러울 필요가 있다. 그렇다고 최신 미디어 아카이브의 구축을 게을리 하라는 소리가 절대 아니다. 교육에 관한 최첨단 테크놀로지 만능주의를 경계하자는 말이다. 그런 새로운 매체의 구축은 그것대로 필수적이지만, 전시용 차원에서 접근할 필요가 없다는 말이기도 하다. 마음의 놀이터에서 여전히 중요한 것은 먼지를 털어내고 눈이 빠져라 들여다 볼 종이로 된 책이며, 그런 책을 가득 담은 채 우리를 내려다보며 말없이 서 있는 묵직한 서가일 것이다. 첨단 매체는 그 다음이다. 당분간 이런 사실의 우선순위는 바뀌지 않을 것이다. 문자가 발명된 이후 수천 년 동안 형성된 인간의 유전자 정보가 바뀌지 않는 한 말이다. 최첨단 장비를 동원한 교육환경이 스스로 책을 읽고 사색하는 오래된 교육방식을 빠른 속도로 대체하고 있으며, 언젠가 완전히 대체할 것이라는 허무맹랑한 소리는 제발 하지 말자. 수학 문제를 풀 때 여전히 필요한 것은 연필과 종이 그리고 머리와 손이지, 고액 연봉을 받는 어느 유명 학원 강사의 동영상 강의가 우선이 아니라는 말이다. 남자가 여자를 길에 떨어진 돌멩이 보듯 대하고, 여자가 남자 대신 강아지와 데이트를 즐기는 그런 날이 온다면 혹시 모를까.

마음의 놀이터인 천국 같은 도서관에서 마음껏 뛰어 논 다음, 도서관 문을 나설 때 반짝거리는 가로등에 비친 우리들의 그림자는 아마도 부쩍 커 보일 것이다. 하지만 지금 우리네 도서관 풍경은 필경 마음의 놀이터가 아니라 '천국보다 낯선' 그런 광경임에 틀림없으리라.

지식의 경기장

김 종 원
중앙도서관 사서

아름다운 도서관이 많기로 유명한 프랑스 파리에는 우리 민족의
문화유산인 '직지'(直指)가 소장되어 있는 리슐리외 국립도서관이
있다. 이 도서관은 '지식의 경기장'이라고 불리우는데, 거대한 돔
식 건축물로 원통형 아치 천장과 측면에는 서가를 배치하고, 중앙
에는 이용자들이 모여 들어 마치 고대 원형 경기장에서 검투사가
목숨을 걸고 싸우는 현장처럼 보이기도 하며 동시에 고대 지식인
들이 학문을 토론하는 모습을 재현하려고 했다고 한다(최정태, 지
상의 아름다운 도서관. 한길사, 2006). 이런 리슐리외 도서관은 마
치 우리 중앙도서관 원형열람실을 연상케 한다.

도서관을 '지식의 경기장'이라고 부르는 것에 깊이 공감한다.
주체할 수 없는 지적 호기심과 진리 탐구에 대한 욕망들이 이 '지
식의 경기장' 도서관으로 모인다. 어떤 사람은 간단한 정보를 찾아
나선 단거리 선수로, 또 어떤 이는 일생의 학문적 성취를 위해 마라

토너처럼, 또 둘이 혹은 여럿이 같은 지적 창조를 위해 협력하여 한 팀으로 모두가 이 지식의 경기장으로 집결한다. 선수들은 자신의 종목과 상황에 따라 경기장에서 몸을 풀고 자신의 경기를 한다. 치열하기도 하고, 때론 즐기면서 또 느릿느릿 경기하는 이 지식 선수들은 어느덧 도서관이라는 물리적인 공간을 자신의 것으로 만들어 나간다.

우리 도서관은 지식의 경기장에 들어 온 선수들이 각자의 경기를 잘 치를 수 있도록 불편하거나 어색하지 않도록 훌륭한 환경을 만들어 가고 있다. 책이 필요 없는 세상이 올 것이라는 예언(?)을 비웃듯 날이 갈수록 넘쳐나는 출판물들이 도서관 서가에 배열되고, 고가의 데이터베이스들이 수두룩하여 이것을 마음껏 사용할 수 있다. 도서관에서 구입, 가공되는 엄청난 양의 디지털 컨텐츠들도 자신에게 맞춤으로 접할 수 있다. 대학생활에서 도서관 하나만이라도 내 서재처럼 활용할 수 있다면 인생의 큰 자산이 될 것이다.

2차 대전 이후 폐허와 절망에 빠진 일본은 민간으로부터 전개된 도서관 만들기 운동으로 인해 지금의 경제 대국, 지식 강국으로 우뚝 서게 되었다. 시골 마을마다 들어선 도서관에서 일상이 이루어지고 사랑방 같이 소통하면서 도서관이 시민네트워크와 지적 생산물의 바탕이 된 것이다. 이와 같이 국가 차원에서 '지식 경기장' 으로서 도서관을 많이 세우는 것은 그 나라의 힘과 지적 수준을 끌어올리는데 결정적으로 기여할 것이다. 시민들은 도서관에서 지식의 양과 크기를 키워 가고, 이것이 국가적 자산이 되어 세계화된 지적 강국으로 성장할 것이다.

대학에서 생활하든 시민으로 살아가든, 일생동안 도서관을 탐하고 벗하며 사는 것, 이것은 참으로 행복한 삶이다. 이 아름다운 삶을 위해 도서관에서 지식의 몸 만들기를 하는 것으로 하루를 시작해 보기를 권한다.

도서관은 미래의 징검다리

박 순 자
행정대학원 졸업생 · 국회의원

인생이란 원래가 공평하지 못하다고 한다. 하지만 맞닥뜨린 현실을 불평하지 말고 받아들여 이겨내야 한다는게 세계 최고의 부자로 손꼽히는 마이크로소프트사의 창업자 빌 게이츠가 던져준 교훈이다.

그런 빌 게이츠의 가장 큰 성공담은 도서관이 밑돌이 되었다고 한다. "오늘날의 나를 만들어준 것은 조국도 아니고, 어머니도 아니었다. 단지 내가 태어난 작은 마을의 초라한 도서관이었다."는 스스로의 자평이 가슴에 와닿는다.

단지 최고 갑부여서가 아니라 누구나 공감하고 고개를 끄덕이도록 의미를 짚어주는 대목에서 더 빛나지 않나 싶다.

세계의 명문대학으로 꼽히는 미국의 하버드대 도서관에는 가슴에 와닿는 글귀들이 있다고 한다. 솔직히 가보질 못했으니, 그 글귀를 접할 기회도 없어서 아쉽긴 하지만 고개가 끄덕여지기는 매한가지인 듯 하다.

'지금 잠을 자면 꿈을 꾸지만, 지금 공부하면 꿈을 이룬다. 내가 헛되이 보낸 오늘은, 어제 죽은 이가 갈망하던 내일이다. 시간은 간다. 지금 이 순간에도 적들의 책장은 넘어가고 있다. 고통이 없으면, 얻는 것도 없다. 불가능이란 노력하지 않는 자의 변명이다. 한 시간 더 공부하면 배우자의 얼굴이 바뀐다.' 등등. 곳곳에 내걸린 30개 명훈(明訓)이 시선을 붙잡는다고 한다.

교정의 분수대 앞에서 올려다본 우리 도서관은 어떤 모습이었을까. 마음껏 만끽하지는 못했지만, 저녁수업을 받으러 조금 늦은 오후의 눈동자에 담겨진 경관은 우뚝 솟은 고성(古城)이었고, 성전(聖殿)처럼 기대감을 불러일으켜 주었던 것 같다.

누군가는 그랬던 기억이 난다. 아치 형태의 창문과 기둥에서 로마네스크 건축양식을 빼닮은 중후함과 기품이 보인다고. 중세 고딕양식의 진수를 보여주는 평화의 전당이 벨기에 최고의 유서깊은 걸작품으로 사랑받는 생미셸 대성당과도 같은 느낌과 어우러져 제격이라고 말이다.

드높은 원형 천장으로 탁 트인 실내공간을 접하다보면 왠지 로마 한복판에 자리한 플라비우스 원형극장, 바로 콜로세움 안에 들어서 있는 듯한 나 자신을 느꼈던 순간조차 기억에 아물거린다.

물론 뒤늦은 공부에 나서느라 젊을 적에 품어봤음직한 도서관 기행(紀行)을 마음껏 누리지 못했던 아쉬움이 남는다. 제 복이겠지만, 나 아니면 또 어떤가. 우리 후배님들이 만끽하면서 밑돌 쌓고 디딤돌 다진다면 그 가치는 충분하고도 남을 듯 하다.

다행인 것은 손에 꼽을듯했던 도서관들이 우리 생활에 깊숙이 다가오고 있다는 점이다. 아파트단지 안에 작은 공부방도서관부터 문화센터 기능까지 겸비한 지역사회도서관, 상아탑의 심장인 대학도서관을 아울러 접근성과 다양성이 확장되고 있어서 가치와 중요성을 더해가고 있다.

적절한 비유인지는 모르겠으나, 우리나라 도시에 거주하는 평균적인 사람들의 경우를 보면 약간의 씁쓸함이 느껴지기도 한다.

한 해 동안 소주는 57병, 맥주는 81병을 마시는데 반해서 책은 9권을 읽는데 그친다는 통계를 보인다는 탓이다. 우리 부모세대들이 아이들 손을 잡고 도서관에 한걸음 더 다가가고, 책을 접하는 기회를 한번쯤 더 갖도록 할 책임에 소홀했던 탓일게다. 나 자신도 그 범주에서 자유롭지 않지만 말이다.

이제 도서관은 지식의 저장고이고 소통로가 되어 우리의 내면을 살찌우는 하드웨어로써 뿐만 아니라, 다양하고 추가적인 부가기능을 서비스하는 소프트웨어로의 진화를 거듭하고 있다.

개교 환갑을 맞이한 경희인의 가슴 한켠에서 한국의 빌 게이츠를 바라기 보다는 소중한 현재와 미래에 값을 더하는 한국인의 자화상으로 더 빛났으면 좋겠다. 우리 도서관은 그 징검다리이자 매개체임이 분명하지 싶다.

- 박순자 (국회의원, 행정대학원 사회복지학과 2007년 졸업)

지득(知得)과 심득(心得)과 체득(體得)

정 광 식
중앙도서관 사서

우리는 태어나서 죽을 때까지 항상 뭔가를 배운다. 학문으로서의 배움도 있고, 인격함양을 위한 배움도 있고, 단순정보를 획득하기 위한 배움도 있다.

학문과 인격함양을 위한 배움과 그 즐거움을 표현한 것으로서 매우 유명한 글이 논어 '학이편'의 첫 구절이다. '學而時習之면 不亦悅乎아(배우고 때때로 그것을 익히면 또한 즐겁지 아니한가)'. 우리가 흔히 사용하는 '학습'이란 단어는 여기서 유래된 것이다. 뭔가를 처음 배우는 것을 '學'이라 하고, 배운 것을 익혀서 자신의 것으로 만드는 것을 '習'이라 한다. '習'이란 글자는 '깃우(羽)'자 아래에 '흴 백(白)'자가 붙어서 형성된 것이다. 주자의 논어집주(論語集註)에 보면 '習,鳥數飛也(습은 새가 자주 나는 것이다)'라는 풀이가 붙어 있다. 새는 본래부터 날 수 있는 재주를 배워갖고 태어난다. 그것이 '學'이다. 그러나 아무리 날 수 있는 재주를 갖고 태어났다 하더라도 곧바로 마음대로 날 수 없다. 배운 것을 익히는 과정, 즉 연습이 필요한 것이다. '조삭비야'(數는 '자주 삭'으로 읽는다)란 말 그대로, '習'은 아침햇살이 퍼져나갈 때(白) 날개(羽)로 나는 연습을 하는 새를 형용한 글자이다. 배운 것을 소화해서 내 것으로 만들지 않으면 진정한 배움(學)이 이루어질 수 없다는 뜻이다.

'학'과 '습'을 통한 배움에는 깊이의 단계가 있다. 지득(知得)과 심득(心得)과 체득(體得)이 바로 그것이다.

지득(知得)은 머리로 알아서 얻는 것이다. 배움으로서는 가장 기본적인 단계이다. '당신 고향은 어디인가?' '서울에서 부산까지 몇 킬로미터인가?'에 대한 답을 얻으면 지득이 된다.

심득(心得)은 마음으로 알아서 얻는 것이다. 모든 앎은 당연히 머리를 통해야 하니까 심득이라 하면 지득도 포함하는 상위개념이다. 상습흡연자가 '담배는 건강에 해롭다'는 말을 들었다고 하자. 과학자들이 연구한 결과가 그렇단다. 그래서 담배가 해롭다는 것을 알게 되었다면 이는 지득이다. 그렇지만 '나는 별로 해로운 줄 모르겠어. 맛있기만 한 담배를 왜 못 피우게 하는 거야.' 하는 생각을 하다가 담배의 해독을 느끼면서 '담배가 정말 해롭구나. 끊어야겠다.' 하는 생각을 하게 되는 단계까지 온다. 이것이 심득이다. 마음으로 이해하게 된 것이다.

　체득(體得)은 온몸으로 알아서 얻는 것이다. 이는 머리와 마음으로 아는 것은 물론이고 온몸의 세포단위에서까지 아는 것을 말한다. 운전을 예로 들어보자. 운전교습학원에 다니면서 자동차의 구조와 원리 및 기본적인 운전요령을 배운다. 지득의 단계이다. 면허증을 따고 주행연습까지 웬만큼 하고 나면 드디어 운전을 배웠구나 하는 안도감이 든다. 심득의 단계이다. 그러나 운전대만 잡으면 여전히 긴장된다. 계기판도 살펴야지, 전방주시해야지, 기어와 핸들조작 등 할 일이 많다. 갑자기 다른 차가 끼어들면 당황해서 허둥대고, 동승한 사람이 말을 걸어도 건성으로 대답한다. 몇 달, 몇 년이 흘러서 어느 정도 내공이 쌓인 다음, 운전대에 앉으면 차가 자신의 일부처럼 편안하게 느껴진다. 동승한 사람과 진지한 대화를 나누면서도 차의 모든 움직임을 느낄 수 있고 미세한 조정이 가능하다. 이것이 체득의 단계이다. 운전에 대한 학습이 온몸에 배었기 때문에 운전이 자동적으로 이루어지는 것이다.

　모든 배움이 체득의 경지까지 필요로 하는 것은 아니다. 앞서 예를 든 것처럼 단순한 정보를 구하고자 하는 경우에는 지득까지만 필요하다. '살인하지 마라', '거짓말하지 마라', '타인에게 친절과 배려를 베풀어야 한다' 등과 같이 실천을 필요로 하는 도덕률은 대부분 심득을 해야 한다. 마음으로 이해하지 못한 것을 어떻게 실천으로 옮길 수 있겠는가. 살인마들은 살인이 결국 자신을 괴롭히고

죽이는 것이며 피살자의 고통이 곧 자신의 고통이 된다는 것을 이해하지 못하는 사람들이다. 살인하지 말라는 지극히 당연한 진리, 대부분의 사람들에게는 자연스럽게 저절로 이해되는 이 자명한 진리가 그들에게는 심득이 안된 것이다. 그러니 끔찍한 범죄를 저지르고도 태연자약할 수 있는 것이 아니겠는가.

체득을 필요로 하는 배움에는 고난도의 체육활동도 있고, 깨달음을 추구하는 종교적 수행도 있다. 어느 분야에서든지 최고가 되려면 체득의 경지까지 올라가야 한다. 우리는 걷는 도중에도 고도의 집중을 요하는 토론을 할 수 있다. 수많은 근육을 적시에 정확하게 통제해야 넘어지지 않고 걸을 수 있는 재주가 우리 몸에 체화(體化)되었기 때문에 가능한 일이다. 자신의 분야에서 진정한 고수, 전문가가 되고자 하는 사람들은 마땅히 체득의 단계에 이를 만큼 공부해야 하지 않겠는가.

도서관에는 지득, 심득, 체득을 필요로 하는 많은 보물이 있다. 온갖 정보나 지식이 구비되어 있는 도서관이라는 큰 나무의 그늘에서 각자 원하는 보물을 발견하는 행복을 맛볼 수 있기를 바란다.

도서관 이용 생활화로 보람찬 미래 설계하기

이 환 호
인류사회재건연구원 교수

70년대 초반 본교 재학시절 나는 중앙도서관을 자주 이용했던 것으로 기억된다. 당시는 참고열람실에서 책만 볼 수 있었고, 1층에서만 대출을 해 주었다. 1-2학년 때는 책을 많이 대출하여 열심히 읽었던 것으로 기억되고, 그 중에서도 『大望』(대망)이라는 일본소설(도꾸가와 이예야스의 일대기를 소설화한 전집)에 매료된 적이 있었으며, 고전을 중심으로 독서를 많이 했던 것으로 기억된다. 그리고 점심시간이 되면 중앙도서관 앞 잔디에 앉아서 동료들과 도시락을 먹고, 또 거기에 누워서 하늘을 바라보면서 나의 장밋빛 미래를 설계했던 시절이 까마득한 추억으로 생각된다. 당시에는 도서관을 이용하는 학생들의 숫자가 많지 않았던 것으로 기억한다. 시험기간에는 꽉 차지만 그 이외에는 자리가 많이 비어 있었다. 그러나 요즈음은 중앙도서관 뿐만아니라, 전문도서관도 설치되어 있기 때문에 학생들이 이용하기에는 더욱 편리해진 것 같다. 또 학생들의 이용률도 그때와는 전혀 비교가 되지 않을 만큼 많고, 또 학구열도 대단히 높은 것 같다. 그로인해 우리나라의 발전도 이만큼 이루어진 것이 아닌가 생각해 보게 된다.

대학의 사명은 학문의 연구와 학생에 대한 가르침과 배움, 사회봉사로 나눌 수 있지 않을까 생각한다. 그 중에서도 학문에 대한 연구는 우리사회를 발전시키는 중추적인 역할을 하고 있는 것이 사실이다. 그렇게 되기 위해서는 많은 도서와 연구의 공간이 있는 도서관을 자주 이용하는 것이 필연적이 아닌가 생각해 본다. 학생 모두가 하루에 한번 이상씩 도서관을 이용하고, 이를 생활화 한다면 학생 개인의 학문적 발전과 미래의 장밋빛 설계에 많은 기여를 할 것으로 생각된다. 도서관 이용을 생활화 하면 자신에게 좋은 점을 생각해 보자. 첫째, 전공지식과 상식이 풍부하게 된다. 도서관은 공부와 독서를 하는 곳이기 때문에 장단기 계획을 세워서 추진한다면, 전공에 대해 깊이 있게 알 수 있을 것이며, 또 문학작품이나 전기 등의 다독은 간접 경험을 통해서 지식의 습득과 상식을 겸비할 수 있다. 둘째, 시간을 최대한 활용할 수 있다. 도서관의 수시 이용은 자기가 필요한 분야의 과제나 지식을 언제나 찾아 볼 수 있으며, 수업시간 사이사이에 남는 시간들을 독서를 통해서 유용하게 사용할 수 있다는 것이다. 셋째, 인생관 형성의 밑바탕이 된다. 독서와 이를 통한 사색을 통해 성인들이나 선인들의 경험을 나의 경험과 지식으로 습득하면서 세계관, 국가관, 인생관 등을 형성할 수 있는 계기가 된다. 넷째, 책을 통해 필요한 정보를 얻을 수 있다. 자신이 모르던 내용을 책을 통해서 습득할 수 있는 기회가 많이 주어지며, 자기 발전의 기회가 될 수 있다는 것이다. 다섯째, 자신감과 창의적인 사고를 가질 수 있다. 독서는 우리에게 새로운 지식의 습득, 살아가는 방법, 철학적 사고와 역사관의 형성 등 수없이 많은 것을 줄 수 있으며, 이를 통해서 삶에 대한 자신감과 끊임없는 창의적인 사고력을 키워주는 역할을 한다. 여섯째, 긍정적이고 적극적인 생활로의 전환이 가능하다. 책을 통해 인생이 바뀐 사람들을 우리는 종종 보고 듣는다. 그것은 책 속에 길이 있고, 진리가 담겨 있기 때문이 아닐까 싶다. 책을 통해 우리는 긍정적이고 적극적인 삶을 살아갈 수 있도록 스스로 다짐하고 또 그렇게 되도록 노력해야 한다.

우리 학교에서는 열람실에서 책을 빌릴 수도 있고, 또 그곳에서 공부할 수 있도록 한 것은 좋은 정책이라고 생각된다. 도서관 이용 학생들을 위한 작은음악회의 정기적인 개최도 학생들에게 많은 호응을 얻고 있다. 앞으로 지속되길 기대해 본다. 도서관 이용은 학생들이 생활화 해야 한다. 그렇게 하기 위해서는 예산이 허락된다면 점진적으로 단과대학별로도 도서관이 1개씩 마련되도록 하는 것도 바람직하다. 그리하여 24시간 도서관에 불이 꺼지지 않는 곳이 되도록 학교 당국도 힘써 준다면 좋을 것 같다. 하루에 3-5시간씩의 도서관 이용을 통해 학생들이 독서와 공부를 하고, 이를 통해 자아계발과 보람찬 미래를 설계하여 우리사회가 필요로 하는 인재로 거듭날 수 있기를 기대해 본다.

도서관,
당신의 희망입니다

도서관 에티켓, 그 씀씀이에 대하여…
진짜 도서관 vs 가짜 도서관?
구르는 돌에는 이끼가 끼지 않는다

도서관 에티켓, 그 씀씀이에 대하여…

도서관이 살아있다?!
시대가 바뀔수록 세대가 변할수록 업그레이드되는 도서관!
똑똑한 도서관, 우아한 도서관으로 거듭나기 위해서는 우리가
해야 할 몫이 크다!

새로운 천년을 준비하는
중앙도서관으로...

김 재 홍
국어국문학과 교수

누가 5월을 계절의 여왕이라고 노래했던가. 바야흐로 개교 50주년을 맞이 하는 우리 경희동산에 세상에서 가장 아름다운 봄이 무르익어가고 있습니다. 그리고 우리 중앙도서관에는 새로운 천년을 맞이하는 개혁과 변화의 바람이 불기 시작하고 있습니다.

대학에서 도서관의 중요성은 새삼 강조할 필요가 없을 것입니다. 도서관은 이상적인 면에서는 문화전승과 역사창조의 터전이면서 실질적으로는 학문연구와 대학생활의 중심지이자 지역사회와 민족, 국가 그리고 인류와 세계로 열려진 창이기도 합니다. 1968년 개관 이래 우리 중앙도서관은 나름대로의 역할과 사명을 다하기 위해 진력해 온 것이 사실입니다. 그러나 근년에 이르러 신간 도서 및 정보의 엄청난 폭주와 함께 이용자들의 폭발적인 증가로 인해 몸살을 앓아온 것도 사실일 겁니다. 서고와 열람석의 부족 및 인력

난, 그리고 그로 인한 서비스의 질 저하는 도서관의 누적된 문제점
이 아닐 수 없습니다. 무려 75만여권에 달하는 장서와 하루 1~2만
명에 육박하는 이용자를 수용하기에는 1968년 개관 이래 정지 상
태인 공간으로는 역부족일 것이 분명한 일입니다.

이 점에서 우리 중앙도서관에서 일하는 사람들은 수년전부터 꾸
준히 공간확보와 인력충원을 위해 노력해 왔습니다. 다행히 이번
개교 50주년과 때 맞추어 적지 않은 공간을 확충하고 인력을 보강
하게 되었는 바, 이에 전 도서관인들은 심기일전하여 도서관 발전
에 이바지 하고자 노력중에 있습니다. 아직 흡족한 것은 아니지만
이러한 점진적인 노력에 의해 대학의 심장으로서 도서관이 활발하
게 살아 숨쉬게 되고 교수님들의 학문연구와 학생들의 학습활동에
크게 이바지 하게 될 것이 분명합니다. 이에 무엇보다도 주된 이용
자들인 학생 여러분들의 도서관사랑운동이 전개돼야 하리라 생각
합니다. 대학의 주체인 교수와 학생, 그리고 대학당국이 혼연일체
가 되어 도서관을 사랑하는 일이야 말로 학문을 사랑하고 대학정
신을 존중하는 일이 아닐 수 없기 때문입니다. 도서관의 시설부족
과 서비스 부족을 개선해 나아가려는 학교당국과 우리 도서관인들
의 끊임없는 노력도 중요하지만 그 이상으로 이용주체인 학생들이
책을 아끼고 도서관을 사랑하는 마음을 키워 나아가는 일이 간절
하다는 뜻입니다.

이번 도서관 공간확보와 인력충원을 위해 격려와 성원을 아끼지
않으신 총장님과 학교당국 관계자 여러분께 감사드리면서 교수님
들과 학생 여러분들의 끊임없는 애호와 지도편달을 바라마지 않는

바입니다. 우리 학생들의 아름다운 젊음과 푸른 꿈이 경희 동산에서 꽃피고 중앙도서관에서 열매 맺어가길 기원합니다.

내실(內實)의 향기 진한
중앙도서관을 기대하며

김 진 영
국어국문학과 교수

산의 이름은 높은 데에 있지 않고, 신선이 살아야 명산이요, 물의 이름은 깊은 데에 있지 않고, 용이 살아야 신령한 것이다. 이 좁은 집은 누추하지만 나의 덕은 향기롭도다.

위의 글은 당나라 문장가 유우석이 남긴 「누실명(陋室銘)」의 첫 대문이다. 비록 누추한 집이라도 거주하는 사람이 덕과 향기가 있다면 부끄러워할 것이 없다는 신념을 피력한 이 글이 지금 내 연구실 벽에 걸려서 나를 지켜보고 있다. 중앙도서관을 생각하노라니 문득 누실명의 뜻이 더 실감된다. 왜일까.

오늘의 현실은 온통 변화, 개혁, 발전이란 말이 화두다. 개인은 물론이요 사회의 온 구성체가 모두 이를 위해 불철주야 진력하고 있다. 더구나 새로운 밀레니엄 시대에 직면해 있는 우리로서, 이러한 흐름에 동참하지 않고서는 도태와 쇠멸의 비운을 극복할 방도가 없다. 대학 당국은 물론이거니와, 학교 구성체의 핵심인 중앙도서관에서도 개혁과 발전의 가속도를 더하고 있다. 첨단 전산 장비의 구축과 도서 확충 및 공간 확보 등 그 발전의 정도가 실로 괄목할만하다.

그러나 무엇보다도 중요한 것은, 도서관이 인격을 수양하고 도야하는 곳이라는 점을 상기하는 일이겠다. 즉 나의 내면을 성찰하고, 정신과 영혼을 살찌우게 하며, 덕성을 함양하는 곳이 바로 도서관이라는 것이다. 도서관의 책이나 기물들을 소중히 여기는 주인의식, 구성원 서로간의 예의와 도덕, 그리고 친절과 성실 등을 사명으로 여기는 마음가짐이 모두 건실한 인격적 자질에서 나오는 것이 아니겠는가. 개혁과 발전의 지향이란 건실한 내실의 토대 위에 서야 가능한 일, 도서관 본연의 성격이 무엇인지를 우리 모두 새삼 되새겨야 할 시점이다.

우리 학교 도서관에는 동서 고금을 통괄하는 많은 고전이 소장되어 있다. 이는 선인들의 지혜와 체취가 배어있는 양서들이요 학문적 탐구가 요청되는 대상이다. 그런데 제한된 인력 때문에 분류가 미비하거나 구석진 데 숨어 있어 활용하기가 용이치 않다. 이들을 잘 정리하여 쉽게 향유하게 할 수 있는 방법을 시급히 강구해보아야 할 것이다. 도서의 양도 중요하겠으나, 무엇보다도 질적으로 우수한 고전들이 많아야 하겠다. 그래야만 도서관의 위상이 높아진다.

우리 중앙도서관이 정신과 영혼의 충만함을 좇는 젊은이들의 앞길을 인도해주는 고귀한 별이 되어주기를 소망한다.

인터넷 도서관과 전통적 도서관

박 종 국
경제학과 교수

　세계의 초일류 기업으로 정보통신산업을 주도하고 있는 인텔 (Intel)사의 앤디 그로브(Andy Grove)회장은 앞으로 5년 후에 모든 기업은 인터넷 기업이 될 것이며 그렇지 않은 기업들은 더 이상 기업이 아니라고 단언했다. 이 말은 대학교의 도서관에도 그대로 적용될 수 있다. 예전에는 책을 찾기 위해서 도서관의 입구를 장식하고 있는 서적 정보가 적힌 카드 상자에서 책이 있을 서가 위치 등을 먼저 확인해야 하는 지루한 시간을 보내야 했으나, 카드 상자는 컴퓨터로 대체된 지 오래이다. 도서관에 가지 않아도 집이나 연구실에서 인터넷을 통하여 원하는 책이나 학술지가 도서관에 있는지 없는지를 알 수 있으며, CD-ROM 하나면 수천 페이지의 사전도 모두 찾아 볼 수 있게 되었다. 또한, 인터넷상에서 국내외의 학술저널의 논문, 학위논문 등을 검색해 볼 수 있고 다운로드 받을 수 있게 되었으니, 도서관에 갈 필요가 없겠다는 생각이 들 때도 있다. 대학 도서관은 책이나 국내외 학술저널을 구입하지 않아도 된다는 주장이 제기될 만도 한다.

인터넷이란 정보 공여자와 수여자를 모두 네트워크에 연결하여 정보가 교환되는 체계이다. 인터넷 연결이 안된 도서관이란 아무도 오가지 않는 망망대해의 외딴 무인도와 다름이 없을 것이다. 편리성과 함께 다른 도서관과의 연결성, 신속하고 다양한 서비스를 제공한다는 면에서 도서관의 인터넷 측면은 앞으로 더욱 중요한 위치를 차지할 것으로 보인다.

그럼에도 불구하고 인터넷 도서관이라고 해서 책이나 학술잡지 구독을 현저히 줄여도 괜찮다는 것을 의미하지 않는다는 점을 인식할 필요가 있을 것이다. 현재의 기술로는 도서관의 서적을 모두 인터넷상에 올려 놓기에 비용에 너무 비싸며, 일부 전문 학술논문의 경우 수식, 도표, 사진, 그림 등은 거의 업로드가 불가능한 상태이다. 수식이나 도표, 특별한 표시 등이 빠진 학술논문을 다운로드 받아본들 연구에 별 도움이 되지 않는다. 또한 인터넷 도서관의 자랑인 원문제공 서비스는 5년 정도의 최근 논문이 올려져 있고, 그나마 논문 전문보다는 요약본이 더 많은 형편이다. 더욱이 급격한 기술의 변화로 오늘날 채택하고 있는 컴퓨터의 기술은 내일의 기술과는 호환이 되지 않을 수도 있으며, 그때에는 대혼란이 발생될 수 있다. 다른 한편으로 우리는 신문을 볼 때 아직도 신문을 넓다랍게 펴서 보아야 신문을 더 빨리 용이하게 읽을 수 있고 신문 본 것 같은 생각이 드는 것과 마찬가지로 책이나 논문을 하드카피 상태로 읽어야지 컴퓨터 화면으로 책이나 논문을 읽는다는 것은 매우 불편한 일이다. 이런한 이유때문에 기존의 도서관이 인터넷 도서관으로 변한다 하더라도 과거에 하던 것 이상으로 책이나 학술잡지 원본을 지속적으로 구입할 필요가 있다.

인터넷 도서관이라 하더라도 이용자에게 있어서는 그 도서관이 제공하는 물리적인 환경과 서비스가 어떠냐가 또 다른 주요 관심사일 것이다. 영국의 한 서점은 고객들에게 편안한 소파와 함께 카푸치노를 제공하여 구입할 책을 미리 읽어 볼 수 있도록 하는 편의를 제공하였는데 이러한 서비스로 그 이전보다 매출이 훨씬 더 증가했다고 한다. 우리 학교의 도서관도 이용자에게 최대한의 물리적 편의성과 서비스를 제공할 때, 이용자들의 목적을 달성하는데 일조를 할 것이며 그들의 생산성을 높일 수 있을 것이다.

앞으로 인터넷 도서관이 아니면 도서관이 아닌 시대가 올 것이다. 아니 그런 시대가 이미 시작되었다. 우리 대학의 도서관은 도서관 업무의 전산화와 함께 인터넷 특징을 더 보강하는데 주력해야 할 것이다. 그러나 훌륭한 장서와 전문 학술지의 보유, 보유 상태의 고품질 유지, 도서관의 물리적 환경의 쾌적성과 편의성 등의 전통적 도서관이 가지는 특징을 무시해서는 도서관이라 할 수 없을 것이다. 우리 대학이 개교 50주년을 맞이하여 도서관의 위상을 정립하는데 있어서 인터넷 도서관과 전통적 도서관의 특징을 잘 조합하여야 앞서가는 대학으로 거듭나야 할 것이다. 도서관이 대학의 중심에 있다고 하는 것은 대학의 중요한 목적의 하나인 연구의 원천이 거기에 있기 때문이다.

즐거운 도서관, 학교생활의 중심이 되는 도서관을 위하여

김 재 홍
국어국문학과 교수

먼 산에 잔설이 녹아내리고 매화 꽃 벙글어 봄이 초록초록 다가오고 있는 이 계절에 우리 경희동산에는 신입생 여러분들이 입학하여 새봄맞이가 더욱 활기찬 것 같습니다.

우리 중앙도서관에도 이제 좀 더 새롭고 능동적인 변화가 있어야만 하겠습니다. 무엇보다 21세기 지식기반사회, 정보화사회를 맞이하면서 이러한 변화에 대처하는 적극적인 사고의 전환과 자기개선의 노력이 필요하다고 하겠습니다. 전자정보실을 더욱 확충하여야 하겠고, 장서의 질을 향상시키기 위해 더욱 노력하면서 공간활용에 힘을 모아야 하겠습니다. 또한 대학간 협력을 강화하여 정보자료를 공유하고 예산절감도 기해야 할 것입니다. 이러한 내실 강화와 함께 우리는 이용자 중심의 도서관, 즐거운 도서관을 만들기 위해 서비스 개선에 더욱 힘써야만 하겠습니다. 쾌적한 도서관

환경마련과 서비스의 질이 높아질 때 도서관은 비로소 대학의 심장이 될 수 있기 때문입니다.

이와함께 우리는 도서관이 학습공간이면서 동시에 우리 대학인들의 문화적 심성을 길러나아가는 창조적인 공간, 문화예술의 공간으로 발전시켜 나아가야 하겠습니다. 단순한 독서실 또는 책 대여실로서의 소극적 기능에서 한걸음 더 나아가 문화세계를 창조해 나아가기 위한 적극적, 능동적인 문화공간이 되어야만 한다는 뜻입니다. 창조력 제고와 삶의 질 향상을 통해 즐겁고 보람있는 대학생활이 영위될 수 있기 때문입니다. 이러기 위해서는 우리 도서관인들 스스로의 자질향상을 위한 부단한 노력이 필요할 것입니다. '이용자는 왕이다.' 라는 인식을 바탕으로 한 봉사정신이 간절합니다. 그러면서 부단한 자기개발과 혁신의 노력이 있어야만 하겠습니다. 컴퓨터능력과 외국어실력, 그리고 전문적인 학식이 있어야만 본인도 발전하고 질 높은 서비스도 기할 수 있다는 뜻이지요.

더불어 이용자들의 인식의 전환이 필요합니다. 도서관에 적극적인 관심을 기울여서 '이곳이 내 집이고 모든 것이 다 내 물건이다.' 라는 주인의식과 책임의식, 그리고 도서관 예절이 필요한 것이지요. 독서토론회, 작은 음악회, 영화감상회 등에도 관심을 가져야 이러한 명물 프로그램이 유지되고 더욱 발전해 갈 것입니다.

그렇습니다! 중앙도서관은 새천년을 맞이하여 이제 하나의 전환기에 처해 있습니다. 좋은 학교란 좋은 도서관이 있는 곳이며, 대학생활에서 학생들이 만족감과 행복감을 느낄 수 있게 해주어야만 하는 곳입니다. 우리 모두의 힘을 합쳐 이러한 좋은 학교 좋은 도서관을 만들어감으로써 우리 대학생활의 수준과 삶의 질을 높여가는 데 배전의 노력을 기울여야만 할 것입니다.

도서관과 허준

김 남 일
한의학과 교수

　최근 모방송국에서 "허준"이라는 드라마를 방영하여 시청률이
60%를 상회하는 공전의 히트를 기록하고 있다. 의술이 뛰어남에도
항상 겸손할 줄 알고 환자들을 제 몸처럼 생각하고 권력에 영합하
지 않는 그의 모습에 온 국민들이 열광하고 있는 것이다. 한의학을
전공하는 필자도, 이러한 허준의 모습이 바로 현대의 의료인들도
본받아야 할 것이 아닌가 생각한다.

　그런데 한가지, 드라마 속에서 학문을 하는 학자로서의 허준의
모습이 그다지 묘사되지 못하는 점이 안타깝다. 허준은 뛰어난 임
상가였음에 틀림이 없다. 그러나, 동시에 훌륭한 학자였다. 그에 대
해 조선왕조실록에서는 "모든 서적에 박통하고 약물의 사용에 뛰
어나다"고 평가하고 있다. 여기에서 모든 서적에 박통하다는 것은
의학서적 뿐 아니라 사서오경 등의 제반 경전들을 말한다. 실제로

그의 저술『동의보감』에는 의서 이외에도 수많은 경전, 역사서적, 도가서적들이 인용되어 있는데, 그 인용된 내용들을 살펴보면, 이 것들을 탁월한 능력으로 소화해내고 있음을 알 수 있다. 그리고 그 가 이러한 서적들을 소화해낼 수 있었던 데에는 어려서부터 경전 을 가까이 할 수 있었던 양반 가문의 가풍과도 관계가 깊다 하겠다.

『동의보감』에 인용된 의서의 숫자는 180여종에 달한다. 그가 이 와 같은 많은 의서들을 충분히 소화하여 기존의 의서들에서 볼 수 없었던 새로운 체계의 『동의보감』이라는 의학체계를 구성해낼 수 있었던 것은, 그가 궁중에 어의로 들어온 이후에 이러한 의서들을 접할 수 있는 기회가 주어졌기 때문이었다. 만일 그가 궁중에 어의 로 들어오지 않고 단순히 동네에서 이름깨나 떨치면서 살아간 의사 에 만족하였더라면 현재의 『동의보감』은 존재하지 않았을 것이다.

의학은 의술이기 이전에 학문이다. 의학이 단순히 기술의 전수 에 의해 이어져 왔다면 지금과 같은 발전이 가능했겠는가? 필자는 『동의보감』에 관심을 가지고 있는 한의학자의 한사람으로서 민족 의학의 보고인 『동의보감』에 남다른 자부심을 가지고 있다. 이러 한 거대한 저작이 나올 수 있었던 것이 궁중에서 수많은 의서들을 접할 수 있었던 어의의 신분이었기에 가능하였다는 점을 생각할 때, 서적들의 보관과 대출을 임무로 하는 도서관의 책임은 막중하 다고 하겠다.

도서관에서 일하시는 분들이여, 한번 생각해보시라. 수많은 학 생들이 여러분들의 손을 거친 책들을 읽고 21세기의 허준을 꿈꾸 게 된다는 것을.

'혼자 있을 때 더욱 삼가하라'

최 상 진
국어국문학과 교수

『中庸』첫머리에 다음과 같은 구절이 있다. "모름지기 군자는 남이 보지 않는 곳에서 삼가고 남이 듣지 않는 곳에서 두려워한다. 숨겨진 곳보다 더 잘 드러남은 없으며, 작은 것보다 더 잘 나타나는 것이 없다. 그러므로 군자는 홀로 있을 때 몸을 삼간다. (愼其獨)"

우리는 누구나 남이 보지 않는 곳에서 무슨 짓이든 할 수 있다. 벌거벗고 있는들 누가 뭐라 할 것이며 거꾸로 매달려 있는들 누가 뭐라 할 것이냐. 혼자 있을 때처럼 자유로울 때도 없다.

우리가 이따금 혼자 있고 싶을 때가 있는 것도 다 이 자유로움을 즐기기 위해서이다. 혼자 있을 때의 자유로움은 종종 사회적 병리적 현상을 낳는 주원인이 된다. 자신이 몰래 저질러 놓은 일임에도 불구하고 천연덕스럽게 남의 탓으로 돌리고 모른체 한다. 그러나 우리를 더욱 두렵게 하는 것은 혼자만의 자유조차 구속받고 있다는 사실이다. 현대 사회에 널리 퍼져있는 몰래카메라 문화가 그것이다. 혼자만의 세상을 빼앗고 감시하고 관음하는 이 절망적 기계 앞에서 우리는 할 말을 잃는다. 남이 홀로 하는 행동을 보고 싶어 안달하는 사회에서 기대할 것은 아무것도 없다.

도서관은 혼자만의 시간을 즐기는 곳이다. 도서관은 혼자 와서 혼자 생각하다 혼자 돌아가는 곳이다. 책도 혼자 보고 공부도 혼자 한다. 도서관은 사람이 있는 듯 마는 듯 많이 있어야 한다. 도서관은 동대문 시장이 아니다. 도서관은 지난 이야기들이 수북히 쌓여 있는 곳이다. 도서관은 여러 분야에서 앞서 공부한 사람들의 체취가 배어 나오는 곳이다. 도서관은 남의 이야기를 보고 들으며 감탄하고 벅차하는 곳이다. 그리고 도서관을 나올 때, 그 도서관을 자꾸 뒤돌아보며 '나도 저 사람처럼 해야지' 하며 온 몸에 지적 전율을 느끼며 나오는 곳이다. 도서관은 과거와 오늘과 내일이 함께 펼쳐지는 곳이다. 그래서 우리는 도서관을 세상에서 가장 귀하고 아름다운 곳으로 칭송하고 있다.

도서관은 아무나 찾지 않는다. 도서관은 뭔가를 생각하고 뭔가를 알고 뭔가를 얻어내려는 사람들이 찾는 곳이다. 도서관은 가서 그냥 기분 좋은 곳이어야 한다. 도서관은 항상 밝은 빛이 나는 곳이어야 한다. 그곳에 또 가고 싶어지는 곳이어야 한다. 그곳에서 가지 않으면 무언가 자꾸 뒤떨어지는 것 같은 느낌을 갖는 곳이어야 한다. 그래서 내 몸이 가지 못할 망정 가방이라도 가 있어야 하는 곳이다.

내가 혼자 있다고 해서, 필요하다고 책을 훔치거나 찢어 가는 사람은 비열하고 치사한 문화의 파괴자이다. 어느 누구도 세상의 아름다운 이야기를 훼손할 자격이 없다. 누구나 다 필요하다고 책을 훔쳐가고 찢었다면 도서관은 이미 도서관일 수 없다. 우리 도서관은 이렇게 건재하다. 우린 도서관이 튼튼히 지탱될 수 있었던 힘은 홀로 스스로 삼갈 줄 아는 사람들이 더 많았기 때문이다.

혼자 있을 때처럼 나 자신을 잘 알 수 있는 때도 없다. 우리는 누구나 혼자 있을 때 자신을 뒤돌아본다. 혼자 있을 때 비로소 참 나로 돌아온다. 나는 참으로 귀하다. 그리고 나와 닮은 남도 귀하다. 귀한 것은 귀하게 써야 빛이 난다. 귀한 것을 천박하게 쓰면 빛이 바랜다. 이 세상은 혼자 있을 때 스스로 삼갈줄 아는 몸과 마음이 건강한 사람들의 무대이다.

영국 레딩대학교 도서관 산책

안 옥 모
관광학부 교수

레딩은 영국 방언으로서 리딩(reading)을 방언대로 발음하고 있으며 런던에서 서쪽으로 전철을 타면 약 30분 걸리는 전원도시이다. 필자는 지난 겨울 레딩대학교(University of Reading)에서 잠깐 지낼 기회가 있었다. 그곳 학교 기숙사에서 늘 아침 새소리를 듣고 잠에서 깨어날 정도로 학교 캠퍼스는 온통 숲으로 둘러 싸여있었다. 기숙사에서 도서관을 가려면 도보로 약 20분 정도라 아침 산책으로 딱 좋은 거리다. 더구나 아름다운 새들의 노래 소리를 들으면서 조용히 혼자 사색을 하기에 아주 적합하고 호젓한 거리이다. 가는 길 뿐만 아니라, 도서관에 앉아 있으면 그렇게 마음이 편해 본 적이 없다. 학교건물은 물론 도서관 건물의 겉모습은 예술적이거나 아름다운 것은 아니다. 그러나 도서관 안에 내재되어 있는 방대한 자료와 도서관 이용자들을 위한 여러 가지 편리한 제도, 아울러

이 모든 도서관을 운영하는 관리자 및 직원들의 해박한 전문지식 및 책임감 그리고 친절성은 도서관 운영에 있어서 소프트웨어의 중요성을 충분히 증명해 주고 있었다. 선진 여러 나라 대학 도서관이 그렇듯이 대학 건물 중에서 가장 투자를 많이 하고 학생들이 가장 선호하는 곳이 학생회관이 아니라 도서관이다. 웹(web)의 개발로 모든 정보가 그곳에 있기 때문에 여가 시간이 나면 어떤 학생들은 잔디에서 사색을 하거나 도서관에서 씨름을 하곤 한다. 학기 중이면 숙제를 위하여 자료를 찾거나 혹은 시험을 준비하는 학생들, 또한 방학이 되면 웹을 통하여 여행일정을 짜는데 필요한 자료를 구하는 학생들에게 도움을 주기위하여 도서관 직원은 항상 바쁘다. 도서관 컴퓨터 역시 처음에는 별 기대하지 않고 자료를 찾기 시작한 것이 끝없는 자료제공으로 심지어는 본인의 체류기간을 연장하게 만들 정도였다. 컴퓨터 보급률 전국 몇 퍼센트의 통계적인 숫자가 중요한 것이 아니라 컴퓨터 안에 내장되어 있는 소프트웨어가 중요하다는 것을 또 한번 실감하였다.

사실 본인은 단기 체류자이어서 도서관 출입허가를 받을 수가 없는 상황이었다. 그러나 한번도 도서관 직원으로부터 출입 허가증 제시를 요구 받은 적이 없었으며, 자료를 찾는데 어려움이 있으면 언제나 상냥하게 친절한 안내뿐만 아니라 필자가 원하는 자료를 찾을 때까지 최선의 노력을 다하는 책임감은 거의 감동에 가까웠으며 영국이 하루아침에 세워진 것이 아니란 사실을 실감하게 되었다. 이렇게 도서관 이용자들에게 최선을 다하여 모든 편리를 제공하고 있으며, 이방인인 필자에게 한번도 출입증 제시를 요구하지 않으면서 무언의 신뢰를 보인 영국 도서관 직원을 통하여 영국은 정말 신뢰를 바탕으로 하는 신사의 나라라는 것을 또 한번 느끼게 되었다. 결국 그 직원의 필자에 대한 신뢰와 믿음은 필자로 하여금 도서관 규칙을 더 철저히 지키고 누구보다도 더 모범생의 모습을 보이도록하는 강요 아닌 강요가 되었다. 지금도 레딩대학교 도서관 여자 직원의 상냥하고 친절한 모습이 눈에 선하게 그려진다.

작은 시작

장 소 영
중앙도서관 사서

우리 대학의 창학이념은 "문화세계의 창조"이다.

교문에 들어서면 바로 정면 교시탑을 통해 늘 접하고 있다.

나는 전자정보실에서 근무하는 도서관 사서이다.

매일 도서관을 이용하는 사람들과 대면한다.

요즘의 도서관 이용자들을 보면서 창학이념을 다시 되새긴다.

문화세계란 타인을 배려하는 생활의 모습이 아닐까 하고...

도서관 사서들은 이용자들을 많이 배려한다.

보이는 모습이 부족해 보일 수도 있다.

또 대놓고 이렇게 얘기해서 어이없기도 할 것이다.

그러나 진심으로 이야기하지만,

우리 도서관에서 근무하는 사서의 기본 사상은 봉사와 배려이다.

서비스를 더 편리하게 이용할 수 있도록 신경을 쓰고,

또 더 새로운 서비스를 만들려고 고민한다.

우리는 User-Centric Library를 만들고 싶어 한다.

이용자들도 도서관에 대한 배려가 필요하다.

도서관에 대해서 부족한 점을 일러주고 제안도 하고, 관심을 가져 주는 것이 배려다.

또, 사서들의 서비스하고 싶어 안달이 난 마음을 충족시켜 주는 것도 배려다.

사서에게 더 적극적으로 물어보고, 의논하고, 부탁하는 것도 배려라는 얘기다.

사려 깊게 예의를 차린다면(특히 사이버공간에서) 더욱 좋다.

이용자 서로 간에도 배려는 필요하다.

게시판에서, 열람실이나 화장실, 휴게실에서 주위의 다른 사람을 2초만 생각하자.

문화세계의 창조라는 창학이념을 가진 대학의 도서관에서 이정도의 배려는 기본이다.

멀리 또는 어렵게 생각하지 말자.

문화세계란 작은 배려에서도 창조될 수 있다.

도서관, 제2도약의 시작

이 용 성
중앙도서관 사서

지난 2007년은 우리 대학 도서관이 새롭게 성장하기 위한 변화와 준비의 한해로 무척이나 혼란스러웠다. 도서관 이용자가 직접 느끼지 못하는 정말 작은 변화의 시작들이었지만, 도서관 서무를 맡고 있는 나에게는 그러한 작은 변화가 한편으로는 새로움에 대한 적응의 중압감으로 느껴졌다.

먼저 가장 큰 변화의 시작은 중앙도서관의 신축에 대한 발표가 아닌가 싶다. 1968년 완공된 현재의 도서관 건물은 약40년 동안 경희와 함께한 역사적 건물로 대표되고 있다. 하지만 매년 약5~7만권의 장서가 증가하고 새로운 멀티미디어 매체가 하루가 멀다하게 등장하면서 도서관 본연의 기능인 자료보존과 이용자 서비스 제공이 점차 어려워지고 있다. 이에 맞춰 우리대학은 도서관 신축을 전격적으로 발표하여 도서관 제2의 도약을 위한 발판을 마련하였다.

　　"수월성 높은 학술지식활동의 허브,
　　문화세계 창조를 선도하는
　　세계적 수준의 도서관 실현"

　　늦은 감이 있지만 우리 도서관은 새로운 비전과 미션을 설정하여 세계적 수준의 도서관으로 거듭나기 위한 목표를 명확히 하였다. 도서관내 발전전략 TF Team을 구성하고 그 안에서 도서관의 대내외 환경분석, 내부역량분석, 36개 발전전략 실천과제 등의 구체적이고 발전적인 계획을 수립하여 우리의 최우선 목표로 공유하였다.

　　법학전문대학원 설립 인가를 위한 준비로 2007년은 도서관 구성원 모두가 노력을 기울인 한 해였다. 법학전문대학원이 목표가 아니라 분관시스템의 모범적인 사례로 법학도서관이 자리잡도록 모든 시스템을 정비하고 새로운 서비스들을 시범적으로 운영하여 그 효과를 검증하고자 하였다. 다행히 법학도서관은 본연의 기능을 다할 수 있도록 하드웨어적, 소프트웨어적 기반이 정상적인 수준에 접근하고 있다.

　　마지막으로 이용자 중심의 도서관 실현이라는 가치 실현을 목표로 도서관 자치위원회가 다양한 활동을 준비했다. 단순한 열람실 환경관리, 좌석관리의 역할을 뛰어넘어 도서관과 이용자가 함께 준비하고 생각하는 도서관을 만들기 위해 다각적인 조사와 캠페인 등으로 바쁘게 활동하였다.

다가오는 2008년은 학술활동의 중심기관으로 그 자리를 확고히 하는 도서관이 되도록 학생, 교원, 사서가 원대한 뜻을 공유하고 실천해가는 한 해가 되기를 소망해 본다.

너와 나, 우리의 도서관

송 주 섭
정치외교학과 학생

몇 해 전, 가난한 유학생 시절의 나는 언제나 조용한 함성으로 나를 반겨주던 도서관의 모습을 무척이나 좋아했다. 그 시절 나의 주말여행의 일 순위는 대학 도서관 탐방이었다. 내 주변 지인은 모두들 도서관 찾아 다니는 것이 무슨 여행이냐며 나의 야심찬 계획을 이해하려 하지도, 또 동행하려 하지도 않았고, 디즈니 월드, 맨하튼, 쇼핑몰, 해변 등 눈이 즐거워지는 곳곳을 찾아 다니며 바쁜 여행을 즐겼다. 이에 아랑곳하지 않고 나는 무한한 여유와 기대감을 가슴 깊이 간직한 채 홀로 여러 대학 도서관을 다니며 젊은 꿈을 향한 설렘을 만끽하기를 멈추지 않았다.

그렇게 도서관에 대한 남다른 애정과 사랑을 묻어두고 있던 나에게 우리 경희대학교 도서관 자치위원회는 가장 큰 선물이며, 감사와 사랑의 존재로 다가 왔다.

"도서관은 대학의 중심입니다." 도서관 자치위원회 소개 글의 가장 첫머리를 시작하는 말이다. 그렇다. 도서관은 대학의 중심이며, 학문의 중심에 서 있다. 중심이 아니라면 중심이어야 마땅하다고 생각한다. 올해로 60주년을 맞이하는 경희대학교에서 재학생으로서, 도서관 이용자로서, 그리고 도서관 자치위원회 위원으로서 함께 호흡할 수 있다는 것 덕분에 마음속 흥분을 감출 수 없는 하루하루를 보낸다. '학문과 평화의 전당'으로 거듭나기 위한 '학문적 권위의 재건', '소통과 학문의 세계', 그리고 '화합과 창조의 미래사회' 이러한 우리 학교의 목표들이 바로 우리 도서관의 힘을 기본으로 한다고 굳게 믿기 때문이다. 시민 사회의 가치로써 '생각하는 시민'(thinking citizens)과 '참여하는 시민'(participating citizens)의 출발도 곧, 학문을 멈추지 않는 우리 젊은이들이 앞으로 이루어가야 할 과제라고 생각하며, 우리 경희대학교 구성원들이 도서관에서 열심히 그것에 매진할 것이라고 믿는다.

아직 우리의 도서관 문화는 많은 부분에서 바르게 정착하지 못한 모습을 보인다. 특히, 도서관의 이용자 대부분은 물론이고 도서관 자치위원회를 매 학기 고심하게 만드는 '열람실 사석화'와 '대리발권'이 가장 큰 골칫덩어리다. 우리 사회의 정의 실현을 이루어나갈 미래 법조인 학우들, 우리 생명 어쩌면 나의 생명을 지켜줄지도 모르는 미래 의사 학우들, 우리나라를 세계 경제 대열로 이끌어줄 미래 경영인 학우들, 그리고 우리 사회의 꿈과 희망인 학우들은 오늘 하루 자신의 편리를 위한 대리발권과 사석화를 통해 다른 학우들에게 피해를 주고 있으며, 우리만의 도서관 문화를 잃게 만들고 있다. 학문의 장인 도서관, 그 발전은 웅장한 건물이나 시스템 혹은 방대한 학술 자료보다는 이용자인 우리 학생들의 인식과 문화의 정착이 최우선이 되어야 한다고 생각한다. 해외 대학들을 탐방하면서 엄청난 건물과 앞선 시스템, 어마어마한 양의 자료들도 물론 훌륭하다고 느꼈지만, 내가 가장 부럽고 감동 받았던 점은 바로 그들이 가진 자발적 문화의 틀이었다. 아무도 제재하지 않고, 누가 나서서 지도하는 것도 아니지만 그들의 도서관 이용문화는 양보와 협력, 그리고 서로에 대한 배려로 가득하다. 이에 반해, 우리의 모습은 아무도 제재하지 않을 때, 서로를 향한 배려와 양보가 사라진다.

도서관 자치위원회는 매 시험기간마다, 그리고 그 전후로 열람실 사석화 정리와 대리발권 방지 작업을 진행해 오고 있다. 위원회 구성원도 대부분 재학생이기 때문에 시험기간에는 학업에 대한 부담이 만만치 않다. 하지만 대리발권을 방지하여 단 한 사람의 이용자의 권리를 보호한다고 생각하면 새벽부터 좌석 발권기 앞을 지키는 일이 그리 피곤하지만은 않다. 오늘도 다섯 명의 학우들이 좀 더 편하게 열람실을 이용했으리라 하는 생각에 뿌듯하다.

앞으로 도서관 자치위원회에서는 누군가 외치고, 제재하고, 법제화하여 만든 도서관 문화가 아닌, 이용자가 자발적으로 참여하고, 생각하여 구성하고, 창조적으로 만들어나가는 그런 이용자 중심의 도서관이 되도록 최선의 노력을 다할 것이며, 더불어 관내 선생님들과 이용자들의 생각을 공유하고 한 발 가까이 다가가기 위해 멈추지 않을 것이다.

진짜 도서관 vs 가짜 도서관?

우리가 진짜로 원하는 게 뭐야~
완벽한 도서관은 없지만 참된 도서관은 있다.
도서관이라는 공간의 진정한 기능이 과연 무엇일까.

내 친구, 도서관

김 종 규
지리학과 교수

서구의 우수한 대학도서관을 들여다보자. 도서관은 북적대지 않는다. 도서관은 공부방이 아니다. 도서관은 생각하는 곳이요, 무언가를 찾아 나서는 곳이다. 철저한 자유와 조용한 고독이 베어 있는 곳이다. 우리나라 대학도서관을 보자. 도서관 로비는 항상 시장을 방불케 한다. 열람실 문은 들락거리는 학생들로 쉴새가 없다. 구석에 숨어 무언가를 골똘히 사색하는 사람은 거의 없다. 이제 우리는 도서관이 가지는 진정한 기능과 역할을 점검할 때가 왔다.

중세 수도원 교육으로 출발한 서구의 대학은 명백한 특성과 역사적 성격을 가지고 자생적으로 발전해왔다. 우리나라의 대학은 근대교육의 도입과 함께 서구적인 형태를 빌려 시작되었다. 이러한 과정에서 우리 대학은 오랜 전통의 서구의 대학제도를 단기간에 도입, 소화해야 했다. 뿐만 아니라 우리의 실정과 현실에 맞는 대학으로 맞춰 나가야 하는 어려움도 있었다. 때문에 일부 대학의 조직과 운영은 본래의 목적과는 다른 방향으로 흐르게 되었다. 기구 본래의 기능과 역할을 상실하고 또 다른 기능이 그 역할을 대신하는 결과를 낳게 되었다. 우리나라 대학도서관이 그 대표적인 사례이다.

일반적으로 도서관이란 자료를 수집, 정리, 분석, 보존, 축적하여 일반인 또는 특정인의 조사, 연구, 학습, 교양 등을 위해 정보를 제공하는 시설이다. 특히 대학도서관은 대학내의 여러 전공 분야의 전문서적, 학술잡지, 학술자료 등을 수집, 정리, 분석하여 교수와 학생들에게 제공하는 기능을 갖고 있어야 한다. 그리고 도서관 열람실은 각자 자신의 전공 및 인접 학문 분야와 관련된 문제를 연구하는 곳이어야 한다. 그러나 우리나라 대학도서관은 이러한 기능과 역할을 제대로 수행하지 못하고 있는 실정이다. 도서관 열람실은 각종 고시나 취직 준비를 위한 시설로 전락한 지 오래다.

대학도서관의 진정한 발전을 꾀하려면 열람실의 좌석수를 늘리는 것도 필요하지만 우선 도서관의 본래의 기능과 역할을 되찾아야 한다. 도서관의 진정한 아름다운 모습은 도서관 이용자가 참고로 하려는 문헌자료가 양적, 질적으로 얼마나 잘 수집, 정리되어 있으며, 얼마나 편리하게 그 자료를 열람할 수 있는가, 그리고 자유롭고 조용한 분위기에서 사색과 고독을 즐길 수 있는가에 있다. 그 동안 많은 어려움에도 불구하고 우리 대학 도서관은 이용자가 양적으로 팽창하였지만 질적 향상은 크게 이루어지지 못한 것 같다. 적지 않은 예산으로 매년 구입되는 값비싼 외국도서, 학술잡지 등은 교수들의 전유물이 아니다. 최신 학술잡지, 전공도서들을 학생들이 얼마나 읽고 있느냐에 따라서 그 나라의 장래가 달려 있다고 해도 과언이 아니다. 지식정보화 사회가 요구하는 인재상은 바로 대학도서관 한 구석에서 전공서적을 잔뜩 쌓아 놓고 무언가를 새롭게 만들어 내고자 고민하는 그런 사람이다. 우리 대학에도 도서관 어딘가에서 이런 고민을 하고 있는 학생들이 있을 것이다.

그들을 위해서 박수와 찬사를 보낸다.

21세기 도서관

김 미 애
기악과 교수

    인터넷 사용은 오늘날 N세대 뿐만 아니라 누구에게나 필수적이다. 인터넷은 전통적인 도서관에서 자란 우리로서는 더욱 놀랍고 또 고맙다. 가만히 앉아서 전 세계에 책을 주문할 수 있고, 전 세계의 도서관을 넘나들면서 검색할 수 있으며, 논문 음악 등을 다운로드 받을 수 있으니 마치 알라딘의 요술램프가 따로 없다는 생각이 든다. 그러나 이렇게 감탄하면서 즐거워하다 보면 곧 인터넷의 한계를 느끼게 된다. 즉 인터넷을 통한 외국서적의 구입은 현재 시판되고 있는 책만 해당되고 책값도 거의 두 배까지 청구되며(운송료 등 포함), 인터넷을 통해 다운로드 받을 수 있는 문헌은 매우 적다는 것을 깨닫게 된다. 현재의 인터넷은 정보를 알려주는 역할 정도에서 크게 벗어나지 못하고 있다고 해도 과언이 아닐 듯 싶다.

    학문 중에는 마치 흘러간 전자제품처럼 과거의 학설은 무용지물이 되는 학문도 있을 것이다. 그러나 문학, 역사학, 음악 등은 현재와 앞으로의 변화 발전도 중요하지만, 과거의 유산을 연구하는 것이 그에 못지 않게 중요하다. 본인의 전공인 음악을 예로들면 바흐 연주는 바흐가 원했던 대로 오늘날도 연주하여야 한다. 현대식의 리듬이나 전자 악기 등으로 편곡하여 연주한다면 그 곡은 이미 바흐가 아닌 것이다. 바흐 해석을 완벽히 하려면 그 당시 연주 관습을 그 시대에 출판된 책들을 통하여 연구하여야 하며(옛 장식문자로 인쇄되어 있음), 악보도 바흐의 자필 악보나 필사본 또는 당시 출판되었던 악보를 만나보면 더 좋을 것이다. 이런 자료들은 현재로서는 인터넷에 옮길 수 없는 것이 대부분이다. 다른 학문에도 이와 유사한 예가 흔히 있으리라고 생각된다.

21세기 경희대학교 도서관은 인터넷 도서관과 전통적 도서관의 특징을 함께 잘 조화시키는 방향으로 발전계획을 수립해야 되리라고 생각한다. 최첨단의 인터넷 도서관이자 인터넷으로 얻을 수 없는 귀한 자료들을 가장 많이 보유하고 있는 도서관으로 우뚝 서야 할 것이다.

미래의 도서관과 도서인의 역할

김 형 찬
치의학전문대학원 교수

중앙도서관 하면 가장 먼저 떠오르는 것이 있다. 논문을 쓰기 위해 엄청나게 많은 양의 책과 자료를 찾아 자료를 운반해서 필요한 내용을 복사하느라 줄을 서고 많은 시간을 할애했던 기억들이다. 욕심 많은 나로선 누구보다도 많은 내용을 보길 원했고 그 책을 찾아 도서관을 헤맸던 시절이 그립기까지 하다. 지금과는 사뭇 달랐던 도서관 풍경일 것이다.

과거의 도서관 기능은 정보자료의 이용과 선배들과의 교감, 자신들의 인성이나 지적 발전을 도모하고 각종 실물 장서를 소장하며 미소장 자료에 대하여는 원격적으로 접근하는 것이었다. 하지만 현재의 도서관 기능의 두드러진 특징은 전자 매체의 등장과 미소장 자료의 동시적 접근에 있다. 보다 쉽게 많은 양의 정보를 얻고 이용할 수 있게 되었다. 이것은 인쇄 매체와 전자 매체의 공존과 상호 보완성 덕분일 것이다.

　이러한 획기적인 변화에도 불구하고 도서관의 사명은 인간 정신을 풍요롭게 하는 각종자료를 수집, 보존, 이용시키는데 있다. 따라서 미래의 도서관은 독서재료와 사색거리를 제공해야만 할 것이다. 또한 정보접근 및 검색능력을 강화하는 디지털 도서관과 전통적 도서관상으로 공존해야 하며 인간과 지역사회를 위한 인간적인 봉사 및 전달자의 역할까지도 감수해야 할 것이다.

　도서관의 기능은 과거에 비해 많은 변화를 일으키며 미래의 도서관에 대한 청사진을 제시하고 있다. 그러나 도서관 이용자인 대학 구성원은 과거와 비교해 별다른 변화를 보이지 않고 있다. 여전히 도서관은 취업 준비와 공부방으로의 역할만으로 이용되고 있다. 단편적이고 편협한 지식을 추구하는 현실주의적 자세에서 벗어나 보다 다양한 정보와 지식을 구축하여 전인적 지식인으로서의 역할을 수행해야 할 것이다. 각자의 전공과 함께 다양한 지식을 접목하여 사용, 활용하는 자세를 추구한다면 그 지식이 인간과 지역사회로 확장될 수 있을 것은 물론이고 궁극적 목적인 국가의 발전에도 기여할 것이다.

　미래의 도서관은 정보를 알려주는 단순한 역할에서 벗어나 그 정보를 적극 활용, 응용할 수 있는 공간으로 전환되어야 하며 도서인은 도서관 이용에 대한 인식 변화가 있어야 한다. 나만의 전문적 지식에서 그칠 것이 아니라 지역사회로의 전달과 공유하려는 의지를 갖고 전문적 지식과 다양한 정보의 접목을 통해 새로운 형태의 응용 지식을 창출하도록 노력해야 할 것이다.

도서관과 선진문화 강국

이 기 종
관광학부 교수

녹음이 우거지고 계절은 신록이 깊어 가는 초여름으로 진입하고 있다.

지난주 학생들은 대동제 행사를 끝내고 이제 학기말 시험을 준비하면서 중앙도서관 열람실은 또다시 독서실 기능이 배가되고 많은 학생들의 자리다툼이 치열해 질 것이다. 오늘날 대학도서관의 기능이 진정한 도서관으로의 기능보다는 고시준비실, 독서실 기능으로 전락하고 있다는 비판이 있는 것도 사실이지만 그럼에도 불구하고 새벽부터 밤늦게까지 도서관에서 나름대로의 목적과 의지를 갖고 책과 씨름하는 학생들의 모습을 보면서 우리대학과 한국의 미래를 장밋빛으로 그려보고 있다.

20세기가 제조업 중심이었다면 21세기는 정보화시대, 지식 산업

시대라고 일컬어지고 있다. 따라서 도서관의 활성화는 곧 국가발전의 원동력이 되고 있다. 한국은 21세기 동북아 중심국가 건설이라는 원대한 비전을 가지고 있다. 우리나라는 구한말의 쇠잔한 국력과 세계정세에 눈이 어두워 나라를 빼앗긴 아픔과 국토·민족의 분단, 6·25 동족상잔의 비극을 겪으면서도 한민족의 끈질긴 저력을 바탕으로 산업화, 민주화의 능선을 넘어 선진 한국으로의 도약을 눈앞에 두고 있다. 오늘의 한국은 경제성장률 저하, 청년실업률 급증, 노사문제 등으로 아르헨티나 모델로 전락하여 선진국 진입에 실패할 것이냐 아니면 이를 효과적으로 극복하고 2만불 소득을 달성하여 선진국으로 진입에 성공할 것인가의 기로에 놓여있다. 선진한국의 건설은 경제적 지표로만 달성되는 것이 아니라 경제성장에 걸맞는 정치민주화, 사회질서, 문화수준의 고양이 전제되어야 한다. 21세기는 문화의 시대이며 한국은 선진문화강국으로 국가목표를 설정해야 한다. 일찍이 백범 김구 선생도 경제, 군사적 자립을 기초로 하여 궁극적으로 도덕, 정신적으로 세계를 이끌어갈 문화대국의 건설을 한국의 지표로 제시한 바 있다.

우리학교는 개교 이래 '문화세계의 창조'를 교시로 하여 21세기 문화시대를 이끌 주역임을 예고하였다. 최근 한국영화산업이 깐느영화제를 비롯한 국제 영화제에서 연이어 수상소식을 전하는 낭보를 주었지만, 아직도 한국은 경제적 성과에 훨씬 미치지 못하는 문화적 수준을 보이고 있다. 그동안 한국은 경제성장의 신화에 취하고 민주화투쟁에 쫓기면서 정신적으로 풍요하고 진정한 삶의 질을 제고시킬 수 있는 도덕·문화강국을 건설하는데 소홀하였다. 따라서, 문화관광부의 역할도 확장되어야 하며 전국 주요 도시, 학교, 문화 복지기관의 도서관 기능이 배가되어야 한다.

이제 우리 대학은 네오르네상스 시대 연출을 선도할 것을 자임하였으며 문화강국 건설의 전초기지가 되어야 한다. 도서관의 활성화는 21세기 문화시대 건설에 있어 가장 중요한 사업 중의 하나이다. 경희대 중앙도서관은 음악회, 독서토론회 등으로 학생들이 도서관을 즐겨 찾게 하고 문화 공간으로의 기능을 확보하는데 성공적 성과를 보이고 있으나 더 나아가 미술, 관광 등 제 분야와의 연계를 통해 문화프로그램을 다양화함으로써 학생들에게 더욱 친근한 도서관이 되어야 할 것이다.

우리학교 중앙도서관이 올 여름에는 더 많은 학생들을 도서관에 유치하여 장차 문화강국으로서의 한국이 세계를 이끄는데 크게 기여할 리더의 산실이 되기를 기대해 본다.

경희의 도약을 위한 도서관의 역할

박 민 여
의상학과 교수

우리 경희대학은 지금 2009년 개교 60주년을 계기로 3대 사학진입을 목표로 대학의 전 구성원이 열심히 뛰고 있습니다. 우리 도서관도 이 노력에 동참함은 물론 그 도약을 이룩하는데 주요 지렛대 역할을 하고자 합니다.

학교의 주요 기능인 "연구"와 "교육"에서 도서관의 역할이 크게 부각된 지금 그동안의 수동적 기능 수행인 서비스 위주에서 능동적 협조자 역할이 가능하게 되었습니다. 주요 연구 분야의 활약상과 그 우수성으로, 그리고 특성화된 교육 분야로, 타 학교와 다른 차이점을 전자도서관 체제에 포함하여 학교를 적극 선전함으로서, 우리 도서관은 대외에 우리 학교 홍보와 더불어 교육 및 연구의 연계 교섭 창구 역할을 가능하게 한 것입니다.

우리 중앙도서관은 1995년 도서관 전산시스템 AIMS 도입을 비롯하여, 1999년 웹기반 전자도서관 구축 및 2005년 미래형 통합전자도서관 구축을 완료하였습니다. 이에 따라 우리 도서관이 우리 학교 도약의 지렛대 역할 중 일익을 담당할 체제를 갖추었다고 감히 말할 수 있게 되었습니다.

남은 과제는 각기 부서가 다양한 콘텐츠를 개발하여 전자도서관을 적극 활용함으로써, 50여년에 걸쳐 경희 대학을 상징하며 캠퍼스의 얼굴 역할을 해 온 중앙도서관이 시대에 걸맞게 우리 대학의 새로운 도약을 다짐하며 새 모습으로 신축될 수 있도록 하는 것입니다.

디지털 시대에 발맞춘 전자도서관을 중심으로 전혀 새로운 개념과 layout, 그리고 시설이 될 것이고, 앞으로의 100년을 넉넉하게 할 것입니다. 우리 도서관은 연구와 교육이 어울리어 새로운 것이 창출되고, 첨단화된 환경 속의 편안함으로 고객이 자주 찾고 싶은 공간, 그리고 혼자 조용히 사색할 수 있는 곳으로 꾸며질 것입니다. 세계가 함께 만나서 미래를 토론하고 설계할 수 있는 장소로도 손색이 없도록, 또한 지역사회에도 개방되어 경희대학이 지역사회 발전에서도 동반자임을 다짐하는 시설로 가꾸어질 것입니다.

신임 도서관장으로서 새로운 도서관의 역할을 수행하기 위해 열심히 노력하겠습니다.

도서관에서 어슬렁거리기

김 정 애
영어학부 교수

　　요즘 학생들 사이에서는 시간표를 주 삼일로 짜느냐 사일로 짜는냐에 따라 주삼생 또는 주사생이라는 말이 흔히 사용되고 있다고 한다. 그러면 나머지 학교 수업이 없는 시간은 어디서 무엇을 하면서 보낼까 궁금해진다. 70년대 대학생들은 휴강이나 공강 시간을 도서관보다는 DJ가 나오는 다방이나 막걸리 집에서 보내며 대학의 낭만을 찾았지만 아마도 작금의 대학생들은 그런 낭만과 여유는 없는 듯하다. 과거에는 시험 기간때만 붐비던 도서관이 이제는 시도 때도 없이 학생들로 가득하다. 정말로 학생들은 수업외의 남는 시간을 도서관에서 독서에 매진하는 듯이 보인다. 그렇지만 수업시간에 만나는 학생들과 이야기해보면 옛날 학생들과 비교해 독서량이 많은 것 같지는 않다. 무슨 책을 읽고 있느냐는 질문을 하면 거의 대부분의 학생은 우물쭈물 대답을 못한다. 이는 도서관이 연구와 학문의 요람이라는 리서치 기능보다는 단순하게 취업이나 고시를 위한 스터디 공간으로 더 많이 활용되고 있지않나 하는 의구심이 든다.

오늘날의 도서관은 다양한 매체, 영상시설, 디지털정보 등 과거에는 꿈도 못꾸던 다양한 서비스를 제공하고 있어 도서관에 가는 이유가 더 다양해졌다. 그럼에도 도서관의 본질은 책, 이야기에 대한 사랑이다. 지난 오월 도서관에서 주관하는 독서토론회에서 소설가 박완서씨가 자신의 작가로서의 뿌리가 무엇인가에 대한 강연을 한 적이 있었다. 그분의 강연 요지는 독서가 주는 힘이었다. 시골뜨기가 서울에 와서 초등학교를 다니면서 도서관이란 곳을 처음 가보고 그 많은 책에 감동하고 마음껏 책을 읽을 수 있는 행복감에 취했고 도서관이 닫을 시간이 되어 못다 읽은 책을 놓고 와야 했던 안타까웠던 심정을 회상하면서 자신이 겪어온 어려운 상황에서도 당당하고 자신감 있게 살 수 있었던 이유가 무엇이었을까를 생각해 보니 그것은 이야기, 즉 독서의 힘이었다고 말한 점에 전적으로 공감했다.

대학시절 만큼 직업이나 생활에 구애받지 않고 자유롭게 독서할 수 있는 시기는 없을 것이다. 다양하고 깊이 있는 독서는 알게 모르게 자신의 삶에 큰 비전과 방향을 제시할 것이고 인생의 참된 의미를 알게 해 줄 것이다. 과거의 기본적인 냉난방 시설조차 열악했던 도서관은 이제 첨단 전자도서관의 기능까지 갖춘 혁신적 면

모를 과시하고 있지만 그럼에도 도서관의 본질은 책사랑에 있고 책 읽는 재미를 알게 하는 도서관으로 학생들에게 다가가야 할 것이다. 이를 위해서 안락한 소파 등을 비치하여 편안하게 읽을 수 있는 좀 더 쾌적한 분위기, 책과 친해지게 하는 여러 가지 기획, 예컨대 요즘 여러 대학에서 앞다투어 내놓은 대학생 필독서 100선과 연계한 독서 토론회, 그리고 도서관을 문화가 어우러진 아름다운 공간으로 만들어 가고 싶고, 놀아도 도서관에 가서 놀고 싶은 도서관으로 거듭나 더 많은 학생들이 북적이는 도서관이 되길 바라는 마음이다.

나의 도서관 기행

전 영 기
무역학과 학생

　　졸업반인 학생들에게 "대학생활 중 아쉬운 점이 있느냐"고 묻는 다면 대부분의 학생들이 있다고 대답할 것이다. 졸업을 앞둔 필자 에게도 아쉬운 점이 많다. 그 하나는 도서관을 잘 활용하지 못한 점 이다. 경희대학교 도서관은 생각보다 방대한 자료들을 소장하고 있고, 전에 있었는지도 몰랐던 자료들을 볼 때마다 지금도 놀라곤 한다. 도서관 이용 방법을 지금처럼 잘 알고 있었더라면 더 좋은 과 제물을 작성하는데 도움이 되지 않았을까하는 생각이 들곤 한다.

　　필자는 시급직 사서로 1년 동안 근무하면서 다른 학생들보다 경 희대 도서관 내부 사정을 잘 알게 되었다. 학생의 신분으로 돌아와 서도 도서관의 내부사정을 이해하기 때문에 학생들의 일부 요구사 항을 만족시킬 수 없는 현실을 안타까워할 뿐이다. 하지만 분명히 말할 수 있는 것은 도서관은 날로 발전하고 있다는 것이다. 필자가 신입생 때와 비교하자면 현재 도서관은 많이 좋아진 편이라고 생각한다. 그리고 학교의 마스터 플랜(Master Plan)이 시행되기 전까지도 도서관은 계속 좋아질 것이라고 생각한다.

학기마다 인상되는 등록금 때문에 본인은 물론 가정에도 큰 부담이 된다. 그렇게 비싼 등록금을 내고 우리가 학교에서 얻어 갈 수 있는 것은 무엇일까? 학교에서 가르쳐주는 학문을 제외하면 거의 없다. 하지만 도서관을 100배 활용함으로써 본전을 뽑고자한다. 우리가 내는 등록금만큼의 본전은 아닐지라도 찾아보면 도서관에서 얻을 수 있는 것이 상당히 많다. 도서관의 기본 이용 방법을 몇 가지 나누고 우리 학교 도서관의 개선점을 논하고자 한다.

첫째로, 중앙자료실에 있는 수많은 자료들이다. 그 자료들 중에는 과목에서 쓰는 주교재도 있고 부교재를 비롯한 소설책과 교양 서적들이 많다. 그러나 항상 원하는 책이 있을 수 없다. 신간도서나 자신이 찾고자 하는 책이 소장되어 있지 않은 경우에는 인터넷을 통해 구입신청 할 수 있다. 그렇게 한다면 대략 2주 정도의 시간이 소요되지만 자비를 내지 않고서도 책을 얼마든지 볼 수 있다. 일부 인기 있는 책들은 대출되어 없거나 소재불명으로 등록된 경우가 많다. 그럴 경우에는 책을 예약하거나 사서들이 책을 직접 찾아야 하는 한계점을 가지고 있다. 도서관이 공공시설이고 많은 학생들이 이용하다보니 E-도서관이 아닌 이상 학생들의 인내가 조금은 필요한 듯하다.

둘째로, 학술지이다. 학술지는 중앙자료실 일반서고에 있거나 참고열람과에 대부분 비치되어 있다. 과제를 하다보면 이러저러한 자료들이 필요할 때가 많다. 우리가 흔히 쓰는 인터넷으로 자료를 얻거나 돈을 지불해야 하는 경우가 있지만, 시간이 있을 때 참고열람실에 있는 학술지를 한번 씩 보기를 권하고 싶다. 학술지는 정기적으로 발표되는 연구 결과들과 타대학교의 논문을 비롯해 심지어 기업체의 근황을 다룬 다양한 주제의 자료들이 있다. 또한 정기간행물실에는 신문과 잡지들이 많아 굳이 자비를 들여 구입 하지 않아도 도서관에서 웬만한 간행물은 볼 수 있다. 정기간행물 같은 경우에는 분실의 위험을 우려해 대출이 불가능한 한계를 가지고 있지만 얻을 수 있는 자료들은 많다. 또한 도서관 웹페이지에는 KISS나 DBPia같은 학술 검색 홈페이지와 연계하여 대부분의 논문이나 페이퍼를 무료로 다운로드해서 볼 수 있다.

셋째로, 전자정보실 사용이다. 필자가 신입생 때인 2001년 때 보다 지금 전자정보실은 눈에 띄게 발전했다. 자리예약시스템 도입으로 인해 장기 이용을 막고 2층으로 옮기면서 컴퓨터와 모니터를 전면 교체해 세련됨을 돋보였다. 필자가 가장 마음에 드는 것은 시청각물인 DVD열람석이다. 전자정보실의 DVD는 미국의 인기 시트콤부터 흥행한 외국/ 한국영화를 비롯한 학술과 관련한 비디오 자료들도 많다. 동네 비디오 방에서 DVD를 빌리는 것보다 학교에서 원하는 자료를 시청하는 것이 알뜰한 삶의 지혜라고 말하고 싶다. 그러나 DVD석의 제한으로 기다려야 한다는 한계점이 있다.

앞에서 언급한 모든 것을 도서관에서 얻을 수 있지만 1만 2천의 경희인을 만족시키기에는 아직은 부족한 도서관이라는 점을 인정한다. 필자의 견해로 봤을 때, 우리 도서관의 발전의 발목을 잡고 있는 큰 요인은 협소한 공간이라고 생각한다. 서울시에 있는 모든 대학 도서관에 다녀본 것은 아니지만 비교하자면 우리 학교 도서관의 규모는 큰 것이 아니다. 서울 캠퍼스에 있는 중앙도서관은 국제 캠퍼스에 있는 도서관보다 규모가 작다. 연세대 중앙도서관이나 고려대 도서관도 우리 학교 도서관보다 훨씬 큰 규모를 가지고 있다. 그러나 공간의 문제는 현재 시점에서 실무자들도 해결할 수 없는 문제이다. 공간의 제약을 받고 있는 것은 도서관 내 거의 모든 부서가 실감하고 있는 한계점이다.

중앙자료실 같은 경우에 서가가 비좁다는 것은 도서관을 이용하는 사람이라면 누구나 느낄 수 있을 것이고 일반서고도 거의 빈 공간이 없어져 간다. 필자가 근무할 당시에도 비좁은 공간과 전쟁을 치러야 했다. 방학 때마다 도서관 내 빈 방을 서고로 만드는 작업을 하여 공간을 확보했지만 이제는 그것마저 여의치 않다. 전자정보실도 DVD자료실을 사무실과 공유하고 있는 상황이다.

시험기간만 되면 도서관은 만원이다. 새벽부터 자리 경쟁이 치열하고 자리를 얻지 못해 분관에서 공부하거나 각 단과대에서 공부하는 학생들도 적지 않은 것으로 알고 있다. 협소한 공간의 문제는 우리 도서관의 발전의 큰 걸림돌이 되고 있고, 도서관이 신축되거나 제2도서관이 건립되지 않는 이상 해결이 불가능한 것으로 보인다. 그럼에도 불구하고 우리 도서관은 학생들의 편의를 위하여 무인대출반납기를 도입하는 등 더 좋은 서비스를 제공하고자 하는 노력이 눈에 띈다. 서두에서도 언급했지만 우리 도서관은 발전하고 있다. 제일 시급한 공간문제만 해결되면 서울 내 어느 대학 도서관과 비교해도 뒤지지 않을 것임을 확신한다. 그리고 무엇보다 우리 도서관 발전을 위해서는 경희인의 관심과 사랑이 필요하다고 생각한다. 도서관을 100배 활용함으로 우리의 필요를 채우고 더 나은 도서관을 함께 만들어 갔으면 하는 바람으로 글을 마치고자 한다.

구르는 돌에는 이끼가 끼지 않는다

하루아침에 만들어지는 것이 아닌…
그래서 쉽고도 어려운 도서관 정비!
제도가 개선되고, 질적으로 향상하는, 연구와 교육이 훌륭하게
어우러지는 공간이란 저절로 만들어지는 것이 아니다.

『음향과 분노』, 그리고 도서관

이 태 숙
사학과 교수

　교정에서 나는 자주 윌리엄 포크너의 소설 『음향과 분노』를 떠올렸다. 30여년(!)전에 읽은 까닭인지 까맣게 잊어버렸던 소설의 제목이 생각난 것은 순전히 교정이 매우 시끄럽기 때문이었다.

　거의 매일 밤늦게까지 지속되는 풍물패 소리, 아침 점심 저녁에 꼬박꼬박 내보내는 교내방송 (나는 교내 방송이 어떤 기능을 하는지, 무슨 필요가 있는지를 도무지 알 수 없다) 소리는 고정 멤버로서, 그리고 학생집회 때 마이크를 통한 절규와 상인들의 장사 음악 등이 비정규 멤버로서 교정을 흔들어댄다. 이들이 모두 등장하는 교정은 난장판에 다름이 아니겠는데, 그 옆에서 목소리를 높여 강의해야 하는 사람이 분노하지 않는다면 그는 비정상이다. 그런데 대학에서의 작업이 어디 강의뿐이고, 소음 때문에 방해받는 것이 어디 강의뿐인가? 소음의 최대의 피해자는 대학의 심장인 도서관이라고 해야 할 것이다. 그래서 나는 학교에 소음이 난무할때면, "슬프고도 애달픈 마음을 맨 처음 공중에 달 줄을 안 그"를 노래했던 유치환처럼 '음향' 과 '분노' 의 관계를 포학한 『음향과 분노』라는 제목에 감탄하면서 시끄러운 교정, 조용하지 않은 도서관에 분노했던 것이다.

『음향과 분노』라는 소설과 도서관의 연관은, 나에게 그러한 수준의 것이었다. 얼마 전에야 도서관에서 『음향과 분노』를 찾아보았으나 그런 책은 없었다! 도서관 직원들의 헌신적인 노력으로도 결코 보충할 수 없는, 소장 도서의 태부족이라는 경희대학교 도서관의 근본적인 취약점을 확인하는 순간이었다.

다시, 저자 Faulkner를 가지고 검색하면서, 『음향과 분노』의 영어 제목이 'The Sound and the Fury' 라는 것. '맥베드' 에서의 "It is a tale told by an idiot, full of sound and fury, signifying nothing." 이라는 대사에서 따왔다는 것을 알게 되었다. 『음향과 분노』는 별로 적절한 번역이 아니며, 게다가 '음향' 과 '분노' 는 내가 짐작했던 대로 인과관계가 아니었던 것이다!

부끄러운 무지와 착각에서 벗어나게 하는 빛은 이렇게 도서관에서 왔다. 인생이 과연 "소음과 소란으로 가득한, 아무 의미 없는 백치의 이야기" 인지 성찰을 깊게 해 줄 빛 역시 도서관에서 나온다고 나는 확신한다. 이제 이 가을에는 소음을 가라앉히고 도서관의 기능이 보다 충실해지도록 힘을 모아야겠다.

도서관 본래의 기능이
회복되기를 바라면서....

백 형 환
의학전문대학원 교수

　1971년 중학교 2학년 때에 처음 전깃불이 들어온 시골에서 자란 필자가 처음 도서관을 접한 것은 초등학교 4학년 때였다. 도서관이라 할 수 없는 낡은 책 몇백 권이 꽂혀있는 도서실 청소를 하게 된 것이었다. 태어나 가장 많은 책을 보고 설레었지만 내성적이고 소심했던 필자는 이틀이 지난 후에야 겨우 선생님에게 말씀드렸고 그 후로는 아예 도서실 당번을 맡아 마음껏 책을 읽을 수 있었다. 졸업하기 전까지 거의 모든 책을 읽으면서 독서의 습관과 책을 읽는 기쁨은 물론이거니와 책을 통해 느꼈던 진한 감동으로 삶이 보다 풍요로워졌고 사물을 보다 넓게 바라볼 수 있는 능력을 갖게된 것이 전문적인 지식을 연구하는 지금까지 밑천이 되고 있다. 또한 인간의 가치관을 결정적으로 확립하고 변화시키는 동기를 부여할 수 있는 것이 독서라고 굳게 믿고 있다.

우리의 대학이나 공공 도서관을 이용하고 미국의 예일대학이나 코넬 의대의 웅장한 도서관을 견학한 후 많은 차이를 느끼면서 비교되는 것은 우리가 본래의 도서관의 기능을 많이 변질시키고 있다는 점이다. 도서관의 규모나 시설 또는 운영방식의 비교는 그렇다하더라도 도서관을 찾는 독자들의 기준에 머무르고 있다는 느낌을 지울 수 없다. 특히 시험기간일 경우 자리가 턱없이 모자라고 방학기간에도 취업 준비하는 사람들로 붐비는 현실에서 도서관 자체도 장서나 문화공간의 확보에 대한 기본적인 업무 이외에 공부방 운영에도 적지않게 신경을 써야하는 부담을 떠안고 있다. 현재 우리 대학의 각 단과 대학별로 특히 국가고시를 치러야 하는 대학은 일부 따로 공부방을 갖고 있거나 추진하고 있다. 도서관을 확충하는 것이 아니라 취업준비용 시설에 투자를 요구하는 것이다. 심하게 말하면 대학도서관을 대학의 심장이 아니고 곧 취업을 위한 종합적인 공부방이라고 당당하게 선언하는 셈이다.

도서관의 기능이 정상화되려면 대학이 정상화되고 대학이 정상화되려면 사회와 국가가 정상화되어야 하는 것은 너무나 당연한 일이다. 도서관 같은 지엽적인 문제는 그 시대와 사회가 안고 있는 현실적인 범주 안에서 이해될 수 있는 면이 있겠지만 대학에서조차 그대로 현실만을 인정하고 타당성을 주장하는 것은 올바른 가치관과 정의를 갖고 장차 사회를 이끌 젊은이를 양성하는 지성의 전당이라 하기에 조금은 부끄러운 일인 것이다.

본래 도서관의 기능이란 인류의 모든 문화유산에서 최신 과학정보에 이르기까지 넓은 의미의 도서를 수집 및 소장하고 일반인에게 공개하여 인류문화의 공유, 정신적인 풍요로움, 전문적인 지식 등을 배양하는 총체적인 문화공간을 제공하는 것이라 할 수 있다. 따라서 도서관은 교양이나 전문적인 독서를 하는 공간은 물론이거니와 사색과 문화의 공간이어야 한다. 운영은 최고의 전문적인 인적자원과 사무자동화로 이루어지고 서고는 고서부터 최신 정보를 담고 있는 도서들로 채워져 있고 열람실에는 넓은 공간과 정보검색을 위한 컴퓨터시스템이 확보되어 있고, 다른 공간이나 벽에는 예술작품들이 전시되고 주변은 조용하고 사색할 수 있는 정원과 같은 분위기가 조성되고, 소규모이지만 다채롭고 알찬 문화행사들이 펼쳐지는 도서관이야말로 본래의 기능을 다한다고 볼 수 있다. 그러나 무엇보다 가장 중요한 것은 도서관을 이용하는 사람들의 교양과 문화를 사랑하는 의식과 행동이 그 대상과 목적이 된다는 것이다. 물질적이거나 눈앞에 보이는 현실만을 중요시했던 사회와 어려움을 참고 견디며 문화를 사랑하고 보존했던 사회나 국가의 미래가 어떻게 결정되었는가는 역사에서 무수히 증명되고 있다. 우리 대학도서관의 본래의 기능을 회복시키는 것은 대학 구성원 모두가 관심을 갖고 노력해야 할 일이라 생각된다.

대학의 수준과 도서관

강 희 원
법학부 교수

　과거의 경희대학교 모습을 기억하고 있는 국내외의 많은 사람들은 경희대학교가 그 동안 이룩한 성공과 발전의 모습에 깜짝 놀랐다고 말하곤 한다. 우리 대학교가 최근에 눈부시게 성장했다는 것은 자타가 공인하는 바이다. 이제 경희대학교는 더 이상 과거의 경희대학교가 아니라고 해도 과언이 아니다. 이것은 경희대학교가 목표로 내걸고 있는 「일류대학」 그리고 「세계적 대학」이라는 구호에서 그대로 드러난다.

　나의 뇌리에는 이러한 화려한 구호와 눈앞에 있는 우리 대학교의 현실모습이 오버랩 되어 온다. 그러나 오버랩된 양자의 모습은 상당한 부분에서 일치하지 않는 듯하다. 이러한 불일치가 뚜렷하게 부각되는 것들 중에는 아마 중앙도서관도 빠지지 않을 것 같다. 중앙도서관과 각종 전문도서관의 시설과 장서의 수는 그 대학 전체의 수준을 나타낸다고 할 것이다. 내가 방문해 보았던 유럽과 미국의 세계적 대학들의 중앙도서관과 각 단과대학의 전문도서관들을 생각해본다면, 규모와 시설에 있어서 우리 대학의 중앙도서관은 초라하기 그지없다.

물론 겉모습만 본다면, 우리대학의 중앙도서관 건물은 그 외모가 상당히 수려하기 때문에 세계 어디에 내어 놓아도 빠지지 않을 것 같다. 그러나 규모나 기능의 측면에서 생각해보면, 그 건물이 정말 세계적 일류대학을 지향하고 있는 대(大)경희대학교의 중앙도서관이라고 자신 있게 말할 수 있을까 하는 의구심이 생긴다.

우선, 우리 중앙도서관은 대학 자체의 규모에 비하여 그리고 교수와 학생의 지적 산실이 되기에는 너무나 작고 열악한 것 같다. 외적 미관만 생각해서 그런지는 몰라도, 우리 대학중앙도서관 건물은 휠체어를 탄 장애인에게는 아예 접근을 허용하지 않는다. 건물로 들어가는 길이 높은 돌계단으로 되어 있어서 장애인에 올라간다고 하더라도 열람실로 접근하는 길은 미끄럽고 가파른 계단으로 되어 있다. 단 하나의 승강기도 우리 중앙도서관 건물에는 설치되어 있지 않다. 이렇게 비인간적인 건물이 가장 인간적인 지도자를 양성한다는 대학교의 중앙도서관일 수 있는가? (이러한 사실은 비단 중앙도서관의 경우에만 해당하는 것이 아니라, 최근에 건축한 한 두 개의 건물을 제외한 거의 모든 건물들이 그러하다고 할 것이다.)

중앙도서관의 건물 안으로 들어가서 보면, 실내공간이 실내외의 소음에 거의 무방비상태로 노출되어 있다. 실외소음에 대해서는 겨우 유리 창문으로 차단되어 있을 뿐 그 외의 소음차단시설이 없다. 딱딱한 시멘트 바닥에 소음을 줄일 수 있는 카페트가 전혀 깔려 있지 않고, 천장에도 소음 흡수를 위한 아무런 시설이 없다. 미학적 구조를 갖추기 위해서 만들어져 있는 바닥에서부터 4층까지 휑하게 뚫려 있는 건물 중간의 공간은 공명관 역할을 해서 실내소음을 확대 재생산하는 것 같다. 게다가 아무런 방음시설이 없는 건물내에 소음을 유발하는 공연장인 시청각교육실이 함께 있다. 도서관 건물에 공연장이 함께 있다는 것은 그 자체로서 문제가 아닐 수 없다. 이것이 세계적인 대학을 지향하는 우리 대학의 중앙도서관 건물의 실체이다.

앞에서 말했듯이, 우리 대학은 정말 상당한 수준으로 발돋움했다. 그렇지만 아직 갈 길은 먼 것 같다. 이제부터는 이러한 양적 발전에 새로 짓거나 고칠 때에도 이용자중심의 구조와 기능을 생각하는 방향으로 그 사고를 전환하여야 한다. 그저 화려한 구호와 보여주기 위한 외관적 미학에만 그칠 것이 아니라, 자기모습에 대한 냉철한 인식 위에 서서 건물과 시설 그리고 교육프로그램에 실질적인 투자를 하여 수준 높은 전문지식교육을 실질화하는 것이 절실히 필요하다. 이를 위하여 우리 대학이 가장 먼저 투자해야 할 곳이 도서관이라고 나는 생각한다. 중앙도서관의 경우에는 가능한 한 많은 국내외의 전문도서를 확보하고, 기존의 건물내부를 개조해서 연구와 독서를 위한 다양한 공간과 편의시설을 확충하며, 나아가서 보다 많은 공간 확보를 위해서 현대적인 새로운 도서관건물을 머지 않은 기간 내에 지어야 할 것이다. 그 뿐만 아니라 단과

대학의 경우에도 각 전공에 따른 별도의 전문도서관 또는 전문도서실을 독립적으로 갖추는 것이 시급하다고 할 것이다.

도서관 단상

김 정 애
영어학부 교수

　요즘 어른들의 걱정은 젊은 세대들이 책을 안 읽는다는 것이다. 이런 걱정은 대학입시 면접에서 단적으로 드러난다. 중고등학교 6년을 통틀어 감명 깊게 읽은 책을 말해보라고 질문하면 거의가 읽은 책이 없거나 아니면 간단한 수필집이나 처세술에 관한 책 등이 고작이고 깊이 있는 문학이나 철학책 제목을 말하는 경우가 드물다. 이렇게 된 이유는 여러 가지가 있을 것이다. 입시위주의 고교 교육과정과 열악한 공동 도서관, 출세 지향주의적 지식 축적 등. 그러나 이러한 상황을 한탄만 하고 있을 필요는 없다. 대학에 들어온 순간부터라도 철저하게 책 읽기에 대한 훈련을 시켜서 책 읽는 즐거움을 알게 하여 도서관 이용을 극대화하도록 노력해야 한다. 우리는 대학 교육의 목표를 전인적 인간이라고 흔히 말한다. 전인적 인간이란 자신의 전공분야는 물론이고 기본적인 교양을 갖춘 그래서 그가 앞으로의 삶을 영위해 가는데 밑거름이 되는 바탕을 겸비한 인간을 말한다. 이러한 교육 목표를 달성하는데 가장 중요한 역할을 담당하는 곳이 바로 도서관이라고 감히 말하고 싶다.

도서관은 학생뿐만 아니라 교수도 즐겨 찾는 공간이어야 한다. 그런데 대부분의 교수들은 자신의 연구실에 책을 잔뜩 구비해놓고 연구하지 도서관 이용은 기피하고있다. 그 대표적인 이유가 연구용 서적이 도서관에 없다는 것이다. 자신의 분야에 관련된 연구도서를 도서관에서 구비하도록 하는 제도는 시간도 오래 걸리고 재정적 한계도 있어 교수들이 쉽게 포기하는 부분이다. 그러나 교수들 자신들도 끊임없이 도서관에 애정을 갖고 후학들을 위해 양서 구입에 노력을 해야할 줄로 믿는다. 외국 어떤 대학의 도서관은 개가열람실 옆으로 작은 방들을 마련해서 교수들과 대학원 학생들이 리서치 할 수 있는 공간을 할애하고 있었다. 그곳에서 필요한 서적들을 수시로 뽑아보면서 저술 및 연구 활동을 하도록 배려한 제도로 교수들의 도서관 이용을 극대화시키려는 노력이 엿보였다.

학생들과 교수가 항시 이용하는 도서관, 그래서 강의실 밖에서 교수와 학생이 자주 부딪치는 공간으로서의 도서관을 기대한다. 그러기 위해서는 찾고 싶고 가고 싶은 도서관이 되어야 하며 연구하기에 쾌적한 환경은 기본이다. 좀이 슬지 않게 책을 오래 보전하기 위해서는 일정 온도와 습도를 유지해야 한다고 알고 있다. 현재 우리 대학의 중앙도서관은 그 구조가 쾌적한 도서관과는 거리가 있다. 냉방은 석조 건물인 덕택에 자연히 잘되겠지만 원형열람실 난방은 제대로 되고 있지 않아 겨울철이면 난방용 석유 냄새가 심하고 발이 시려서 오래 앉아있기 어려운 형편이다. 이에 대한 학교 당국의 지원이 절실하다고 사료된다. 학교 당국, 교수, 학생들은 모두 하나되어 우리 대학 도서관을 경희의 자랑거리로 만들어야 하지 않겠는가.

무한경쟁시대의 우리도서관

최 병 식
미술학과 교수

대학 도서관에 웬 만화방? 3년전 〈신세기 에반겔리온〉 〈짱구는 못말려〉를 비롯한 5천여 권의 장서로 문을 연 우리학교 수원캠퍼스의 깜짝 쇼였다. 뿐만이 아니다. 교수신문에 2002년 전국 주요대학도서관의 상반기 최다 대출도서 10위 이내에 판타지소설이 평균 5.4권이 포함되었다는 기사가 보도된적이 있다. 대학별로 적게는 2권에서 많게는 9권까지 '베스트 10'에 포함되기도 하였지만 아무튼 이같은 현상들은 N세대를 지나 이제 W세대라고 일컫는 신세대들이 등장하면서 더욱 많은 깜짝쇼들이 일어날 것으로 예상된다. 그만큼 도서관이 과거의 근엄한 학문의 심장부에서 여가를 즐기는 등 대학생활의 일부분으로서 가깝게 다가서고 있는 것이다.

이러한 사고의 전환이 시사하는 것들은 다른 측면에서 본다면 그만큼 과거의 도서관이 멀리 느껴졌고, 제대로 활용되지 못했다는 역설적인 의미를 내포한다. 대학의 거의 절반에 해당하는 건물이 도서관으로 채워져 있다는 하버드대학의 예처럼 연구하고, 고뇌하며, 미래의 삶이 결정되어지는 전당으로서의 공간이기보다는 우리의 경우는 그야말로 상징을 위한 상징물 처럼 인식되어있는 점도 부정할 수 없다. 이러한 현상의 해결에는 물론 현실적으로 이용자들의 학문적 자세나 대학의 재정을 감안한 단계적인 개선이 필요하겠지만 두 가지 측면, 즉 하나는 기초시설과 제도의 정비, 다른 하나는 서두에서 언급했지만 다양한 서비스를 통한 생활공간으로 거듭나기도 간과되어서는 안된다.

우리 중앙도서관의 경우는 현재 75만 권의 장서와 전체 면적이 3천여 평에 그치고 있고, 전문인력의 부족 등도 어려운 실정이지만 너무나 오래된 건물의 구조에서 소규모 공간이 비좁게 배치 되어 있어서 주제별 분류가 대단히 어려운 점, 전자정보부분에서 VOD 부분의 확충 등은 매우 시급한 과제이다.

참고로 서울대가 총 2백2십만 권의 장서에 6개 전문도서관을 포함 7개관으로 구성되고, 연대가 130만권에 6천여 평, 고대가 110만권에 5,500평 정도이며, 한양대가 90만 권에 6,200여 평(3천평 증축 공간 보유, 분관 2천평 별도)을 보유하고 있다. 직원수도 서울대가 148명으로 가장 많고, 연대는 2003년에 총 8천 평 규모의 제2도서관을 신축하게됨으로서 압도적인 우위를 점유하게 된다. 전자정보 시스템 역시 각 대학마다 서비스를 확장해가고 있으며, 갤러리, 음악감상실과 같은 다양한 부대시설을 갖추어가고 있다.

이미 선진외국의 경우에는 미국과 영국이 협력하여 The British Library, The British Museum, Cambridge University Press, Columbia University, University of Chicago, University of Michigan, Victoria & Albert Museum 등 총 14개 단체가 연합하여 fathom이라는 사이트를 통하여 사이버정보시스템을 구축하는 등 자료의 공유를 시도할 정도로 이미 국경을 넘어선 네트웍을 형성하고 있을 정도이다. 또한 하버드가 90개, 일리노이대는 40개, 버클리대는 25개, 스탠포드대는 20개의 전문도서관을 보유하고 있다. 한편 하버드가 850만 권에 1천명의 직원, 옥스퍼드도 5백만 권, 북경대학 460만 권 등의 장서를 보유하고 있는 등 가히 압권이라고 할만큼 부러운 수치와 질적인 우위를 보여준다.

무한경쟁으로 치닫는 대학의 경쟁체계는 이처럼 국경을 넘어선 경쟁으로 한 차원을 달리한다는 의미에서 우리대학에도 시사하는 바가 적지 않다. 이미 지적한 시설, 인원 등의 보완도 문제이지만 그에 앞서 경영적인 차원에서 단계적으로 요구되는 엄청난 예산의 충당을 어떻게 할 것이냐는 과제를 해결해 가야만 한다. 최근 본격화되고 있는 의학전문도서관의 추진이나 만화방에서 극단적으로 상징되듯이 다양한 서비스도 중요하겠지만, 대규모 시설의 신축을 위한 대대적인 도서, 시설기증, 기금확충캠페인 등을 통한 의지의 실현은 먼 산만 바라보듯이 이상적인 생각만 하는 것보다는 훨씬 다급한 현실이자, 장기적인 우리의 과제이다. 이제는 문화의 상징이라는 박물관마저도 경영논리에서 벗어날 수 없듯이 학문의 심장이자 맹장이라는 도서관 역시 경영논리에서 벗어날 수 없는 현실을 실감하게 된다.

연구의 중심으로서의 도서관

이 재 협

법학부 교수

대학시절부터 나는 책을 사서 모으는 습관이 생겼는데, 그것은 인류학이라는 생소한 분야를 공부했기 때문에 국내문헌이 많지 않은 탓도 있었지만 학교 도서관에서는 도무지 원하는 책들이 없었기 때문이었다. 이따금씩 외국문헌을 읽다가 관련자료를 찾다 보면 십중팔구는 도서관에 없고, 그래서 하는 수 없이 시내의 큰 서점을 뒤지거나 아니면 교수님, 선배들의 방을 찾아가 책을 빌려서 냅다 복사를 해버리곤 했다. 돌이켜 보면 읽지도 않을 책들을 그저 귀하다는 이유만으로, 혹은 내 소유가 된다는 뿌듯함 때문에 대학시절 아르바이트로 모은 돈을 모두 책 사는데 쏟아 부었다. 그리고 미련하게도 미국유학을 떠나면서 그 책들을 모조리 배에 실어 가져갔다.

유학생 시절 나는 그곳 대학 도서관에서 두 가지 점에 놀랐다.

첫째는 도서관 소장자료의 방대함이었다. 내가 서울에서 그렇게 찾고 찾았던 책들이 하나도 남김없이 모두 도서관에 있었다. 설마 이런 책도 있으랴 하고 검색해 보면 어김없이 나왔다. 이렇게 도서관에 책들이 많으니 동료 대학원생들이나 심지어 교수들조차 나처럼 책을 '사재기' 하는 사람이 없었다. 오히려 이따금씩 그들은 나한테 책을 빌리러 오곤 했다. 늦은 밤 도서관에서 교수들과 동료 대학원생들을 마주치는 일은 매우 흔한 일이었고 그들 중 몇몇은 개인용 열람석(carrel)에 책을 대출하여 꽂아놓고 연구에 열을 올렸다. 두 번째로 놀란 것은 도서관 사서들의 전문성이었다. 도서관 사서란 책을 찾아다 주는 사람이라는 나의 인식을 깨기에 충분했다. 미국 로스쿨에서는 전문사서들 중에 로스쿨 출신에 변호사 자격을 가지고 있는 사람도 적지 않았다. 그들은 분야별로 특화되어 문의만 하면 1차 문헌, 2차 문헌, 전자정보 등 방대한 자료 중에서 가장 관련성이 높은 자료를 찾아주었다. 말하자면 전문사서들은 연구의 초기에 충실한 안내자의 역할을 해 주고 있으며, 교수들도 연구활동에 이들의 전문성을 십분 활용하고 있었다.

　도서관은 연구의 구심점이 되어야 한다. 우리대학 도서관이 그러한 위상을 갖추고 있지 못하다는 이유 중 하나가 적은 장서의 수인데, 아이러니컬하게도 매년 책정해놓은 도서비를 지출하지 못하고 있다. 이는 교수들이 도서관에 양서를 신청하지 않는다는 사실을 단적으로 보여준다. 물론 나와 같이 책을 사재기하는 악습을 갖고 있는 사람들도 있겠으나, 자신의 서고를 도서관화하는 교수들이 많아질수록 우리 도서관은 그만큼 발전하지 못한다. 교수들이 도서관에 애정을 갖고 소장자료를 더 활용할 수 있도록 하려면 도서관에 책을 구비하는 절차가 복잡하고 더디어서 개인적으로 책을 구입할 수밖에 없도록 만드는 불편함 역시 해소되어야 할 것이다. 아울러 개인용 열람석 제도를 도입하여 교수나 대학원생들이 연구에 필요한 책을 수시로 편리하게 찾아볼 수 있도록 배려해야 할 것이다.

점차 많은 자료들이 전자화되고 있는 추세이고, 사실 우리 도서관이 현재 구비하고 있는 원문데이터베이스 자료들은 적지 않다. 이러한 자료들은 장서수의 부족이라는 하드웨어적인 한계를 극복하는데 나름대로 일조를 하고 있다. 이제부터는 이러한 정보의 홍수 속에서 가장 적절한 자료들을 찾아내도록 지원해줄 수 있는 인적 인프라가 도서관 경쟁력의 척도가 될 것이다. 이렇게 소프트웨어적 측면을 강화하기 위해서는 인문·사회·공학·의학 등 분야별로 특화된 전문사서제의 도입이 절실하다. 전문사서들은 연구자들에게 실질적 도움을 줄 수 있을 정도의 능력과 식견을 갖추어야 하고, 대학은 이들이 연구활동의 동반자라는 견지에서 적극 육성하여야 할 것이다.

대학의 경쟁력과 도서관의 역할

정 완 용
법학부 교수

도서관(圖書館)의 영어표현인 'Library'는 라틴어의 'lbrarius'에서 기원한다. 이 단어는 'liber(책)과 'arius(있는 곳)'의 합성어이다. 국어의 도서관이라는 말의 뜻도 같은 의미를 가지고 있다. 필자는 지난 여름에 이집트를 여행할 기회가 있었다. 이 도시는 기원전 332년에 Alexander대왕이 건설하였는데 Niletkarkr주에 위치한 지중해 연안의 항구도시로서 고대 학문의 중심지 역할을 하였다. 알렉산드리아는 이집트의 클레오파트라 여왕이 이곳에 수도를 세우고 통치하던 도시로 더 잘 알려져 있는 곳인데, 이 도시에는 바로 고대 최고의 도서관인 Alexandria도서관이 세워져서 많은 학자들이 위대한 연구업적을 쌓았던 곳이다. 예를 들면 아르키메데스(Archimedes: 287-212 B.C)는 이 도서관에서 연구와 실험을 하였고 아르키메데스의 원리를 비롯한 많은 학문적 발견을 하였다. 필자가 방문한 지난 여름에는 각종 도서와 자료 및 과학실험기재가 풍부하였던 이 도서관이 불에 타서 소실되었던 것을 복원하기 위하여 수년간에 걸친 공사가 진행되고 있었는데, 최근에 공사가 완료되어 도서관이 다시 완공되었다는 소식을 들었다.

오늘날 정보통신기술의 발달로 인하여 도서관은 이제 종전의 단순히 책을 모아놓은 곳에서 한 걸음 더 나아가 디지털화, 정보화되어 가고 있다. 또한 이용자와 도서관과 온라인으로 연결되고 나아가 도서관 상호간 혹은 도서관과 디지털 콘텐츠 제공자와의 사이에 상호 네트워크로 연결되어 매우 편리하게 자료를 검색하고 이용할 수 있게 되었다. 도서관 이용자는 이제 도서관에 가지 않고서도 자신의 컴퓨터 앞에서 도서검색과 예약대출, 전자저널 및 데이터베이스 등을 활용할 수 있다. 도서관의 기능이 그만큼 정보통신기술의 발달로 인하여 다양해지고 편리해진 것이다.

우리 대학 도서관이 그 동안 정보화시대에 걸맞게 전자도서관 프로그램을 운용하는 등 많은 변화와 발전을 이루어 오고 있는 것이 사실이다. 그렇지만 우리 대학교가 지향하는 사학 빅3로의 진입이라는 목표를 달성하기 위하여서는 대학의 핵심시설인 도서관에 대한 보다 많은 투자와 다양한 운용프로그램의 개발이 요구된다. 이를 위하여 먼저 경쟁대학의 도서관 시설현황을 파악하고 선진 외국의 사례를 벤치 마킹하여 도서관 발전 프로그램을 세우고 한 단계씩 착실히 추진해 나가야 한다. 일례를 들어 의학, 한의학, 법학 전문도서관 등이 있음에도 전문 사서가 부족한 실정으로 알고 있다. 학문의 큰 영역별로 가능한 한 전문사서를 배치하고 연구자와 학생들이 필요로 하는 정보화 자료를 제공할 수 있어야 한다. 또한 신간과 구간을 구별하여 학생 수업용 도서와 신간을 별도로 체계적으로 배치함으로써 도서이용의 효율성을 기할 수 있을 것이다.

학교의 수준을 평가하는 기준은 여러 가지가 있을 수 있으나, 그중 한 가지로 도서관의 경쟁력을 들 수 있다. 경쟁력 있는 도서관이 경쟁력 있는 교수와 학생을 가능하게 하고 이를 통하여 진정한 경희 학풍의 형성과 대학발전을 이룰 수 있다고 생각한다.

한자 문화와 정보화 사회

김 수 중
철학과 교수

중국인은 구체적인 것을 선호하는 경향이 있다. 그들은 추상적인 수학 보다는 개별성을 특색으로 하는 역사를 발전시켰다. 그래서 18세기에 이르기까지 전 세계 인류가 가지고 있는 문헌의 반 이상이 한자로 씌여졌다고 한다. 그런데 한자는 기본적으로 회의문자이다. 山, 川, 牛, 羊 등의 글자는 지금도 각각 산, 개천, 소, 양의 이미지를 지니고 있지 않은가.

초기 문자의 발생은 모두 그림문자로부터 출발했다. 그런데 상형문자적 특성을 오늘날까지 가지고 사용되는 문자는 한자 밖에 없다. 뿐만 아니라 중국인은 비문자적 매체로 여러 가지 기호나 그림도 많이 사용했다. 가령 주역의 괘(卦)나 하도 낙서 등을 생각해 보라. 그들은 圖象을 매개로 철학을 하지 않았는가. 문자 사용의 한계를 『주역』에서는 이렇게 표현하고 있다: "글(문자)은 말을 다 전달하지는 못하며, 말은 마음의 뜻을 다 전달하지 못한다(書不盡言, 言不盡意)". 그래서 조선시대 철학자인 퇴계 선생은 성리학의 내용을 열 개의 그림으로 표현했다. 이것이 퇴계의 대표작으로 일본과 중국에까지 알려진 『聖學十圖』이다.

요즘 각광 받고 있는 철학자 데리다는 서구의 전통적 언어관을 서양문화의 고질적인 편견으로 간주하여 '로고스 중심주의(logocentrism)', 즉 음성문자의 형이상학이라고 부른다. 데리다에 따르면 생생한 음성을 완전하게 필사한 서양 알파벳에 의한 글쓰기는, 로고스의 진리를 '음성적인 것 속에서 소리와 의미가 명료하게 통일된 것'으로 간주하면서, 말을 글쓰기 보다 편애하는 로고스 중심주의적인 편견을 보여준다. 데리다는 아리스토텔레스, 루소, 헤겔의 경우를 들어 로고스 중심주의적인 편견이 서양의 철학사 전체에 강력하고도 철저하게 퍼져있음을 강조한다. 데리다는 비음성적인 중국문자에서 "모든 로고스 중심주의의 바깥으로 발전하는 문명의 강력한 운동의 증거"를 본다.(『도와 로고스』)

동양인들이 지각에 있어서 具象性을 선호하고, 비문자적인 기호나 도형의 매체를 적극적으로 사용한 것은 그들이 직관과 유추의 사유방법을 발전시킨 점과 더불어 동양의 통합적 종합적 세계관과 깊은 연관성을 갖는다. 그런데 이러한 내용은 현대의 시스템이론이나 사이버네틱스의 관점과 놀라운 유사성을 가지고 있다.

바야흐로 우리는 다양한 멀티미디어를 매체로 하는 정보화 시대를 맞이하고 있다. 한자문화권의 전통에서 드러나는 지각적 인식의 선호성, 직관과 유추를 중심으로 하는 사유, 이와 관련한 통합적

종합적인 관점과 유기체적 세계관 등의 특징은 정보화 사회에서 부정적인 측면 보다는 긍정적인 측면으로 작용하는 점이 더 많을 것으로 필자는 본다.

올해에 우리 도서관은 미래의 비젼을 전문적으로 검토하는 〈도서관 장기 발전 전략〉을 수립하고자 한다. 우리는 문자 매체와 비문자 매체, 온라인과 오프라인 등 다가올 시기에 학인들의 지식 정보에 대한 다양한 요구를 고려하여 정보화 사회에 바람직한 도서관의 역할에 대하여 체계적인 연구를 수행할 것이다. 관 내외 인사들의 적극적인 협조를 요망한다.

도서관 단상

송 창 섭
영어학부 교수

중앙도서관에서 『해방문학선집』(서울 : 종로서원, 1948) 단편집 1권을 대출받아 참고한 적이 있다.

출간된지 50년을 훌쩍 넘긴 이 책은 해방 후 누가 어떤 원리를 가지고 작품들을 선별했는가만 참고해도 연구방향에 따라 귀중한 자료적 가치가 있을 것으로 생각된다. 그런데 허름한 이 책의 표지가 관심을 사로잡았던 기억이 새롭다. 이조백자를 좋아했던 수화(樹話) 김환기의 수수하면서도 신비로운 항아리 그림이 그려져 있었던 것이다. 이 책은 연구자료로서의 가치뿐만 아니라, 한 예술가가 어떤 인연이 되었든 간에 남기게 된 흔적으로 하여 그 보존 가치가 높게 매겨질 책이 되리라고 생각한다.

역사가 오래된 우리 중앙도서관에는 희귀본도 많고 앞으로 언젠가는 희귀본에 준할 가치를 품은 자료들이 상당히 많이 소장되어 있을 것으로 추정된다. 그러나 걱정스럽다. 그런 책들이 희미해져 가는 생명력을 얼마나 오랫동안 유지할 수 있을까. 내가 본 책의 표지는 너덜너덜했고, 누렇게 변색한 책장들은 조심스럽게 다루지 않으면 훼손되기 십상일 정도로 위태로웠다. 적정 상온을 유지하지 못하는 서고 속에서 앞으로 얼마나 더 오래 버틸 수 있을까. 우리 도서관만의 문제는 아니지만 시간이 흐를수록 돈으로 환산할 수 없는 가치를 생성시킬 책들이 쓰레기로 버려질 운명을 겪게 될지도 모른다. 지금 투자를 소홀히 해서 더 큰 손실을 보게 되는 것은 아닐지 안타까운 것이다.

도서관 이용에 따른 일화를 하나만 더 소개해보고 싶다. 프레드릭 제임슨의 『언어의 감옥』(The Prison-House of language) 번역본을 찾아본 적이 있다. 미국에서 출간된 비평이론 중 명저의 하나로 꼽힐 이 책의 번역본은 놀랍게도 토플 등 영어학습 교재로 분류되어 그 속에 함께 꽂혀 있었다. 이제 이런 황당한 오류는 많이 시정되었거나 더 이상 발생하지 않을 것으로 믿고 싶다. 그러나 행여 이와 같은 예들이 한둘이 아니라면 그것들을 어떻게 일일이 시정할수 있을까.

내가 겪은 두 개의 일화는 도서관 운영에 참고할 사례들이다. 도서관 운영에 문외한인 우리들 눈으로 보아도 그 밖의 문제점들 또한 허다하다. 그러니 도서관 운영에 직접 관여하는 분들은 산적한 문제들로 골치가 아플 정도일 것이다. 새 도서관을 최신식으로 크고 근사하게 지으면서 모든 문제들을 일거에 해결할 수 있으면 얼마나 좋겠는가. 물론 엄청난 돈이 들어가니까 쉬운 일은 아니겠지만 말이다. 그렇다고 해서 모든 문제들이 돈만 들인다고 해서 신속하게 해결되는 것은 결코 아니다. 나는 큰 돈을 들이지 않으면서도 도서관 운영의 효율성과 이용의 만족도를 제고하는 방안들을 궁리해볼 필요가 많다고 생각한다. 불과 1~2년 전만해도 개가 열람실에 가면 책들이 제멋대로 엉뚱한 자리에 꽂혀있어서 여간 짜증스럽지 않았는데 이 문제는 해결되었다. 나는 이것만큼 사소하면서도 중요한 사업이 없다고 생각한다. 모든 이용자들이 책을 찾느라고 허비했을 시간을 합치면 그 시간적 손실이 얼마나 컸겠는가. 이 문제를 해결하는 데 예산이 얼마나 소요되었을지 모르지만 큰 액수는 아니었을 것이다. 서비스의 질을 높이는 데도 특별한 예산이 더 필요할 것 같지는 않다. 예를 들어, 시간제로 일하는 학생들한데 친절교육 시키는 것을 시스템화하는데 무슨 거금이 따로 들어가겠는가. 어려울 때일수록 쉽게 할 수 있는 일부터 찾아 하는 것이 좋다.

서비스 정신 :
1. 손님이 짜다면 짜!
2. 불만을 자극하라.

김 정 만
관광학부 교수

중앙도서관의 대학 내에서의 중요성은 새삼 강조할 필요가 없을 것이다. 도서관은 교내 어느 부서보다도 학생들을 포함하여 대학 구성원들 모두에게 서비스를 제공해 주는 곳이다.

최근에 들어 신간도서와 처리해야 할 정보가 폭주하는 반면에 업무를 담당할 직원의 부족으로 인해 질 좋은 서비스를 모든 구성원에게 제공해 주기가 매우 어려운 실정이라는 생각이 든다.

기업은 눈에 보이는 제품은 물론 보이지 않는 서비스나 아이디어를 고객에게 판매한다. 대학은 눈에 보이지 않는 서비스적 요소가 매우 높은 것을 주 고객인 학생에게 제공하고 있다(일부 교수님들은 학생을 고객이란 단어로 쓰는 것은 불쾌하게 생각하실 분도 계시지만), 대학의 중심인 도서관 역시 눈에 보이지 않는 서비스적 요소를 대학 및 지역사회 구성원에게 제공한다는 사실을 간과해서는 안 될 것이다. 보고 들리는 바로는 과거와는 달리 도서관 운영이 경직되지 않고 서비스가 많은 면에서 개선되었다고 한다. 너무나 당연한 일이다. 하지만 항상 고객의 불만에 귀를 기울여야 한다. 서비스 정신을 가르치는 교수로 학기중이나 학기말에 학생의 의견수렴을 위해 교수로 부임한 이래 학생들의 강의평가를 자발적으로 수행해 왔다(물론 최근에는 의무적으로 해야 하지만). 일부 학생은 강의 평가에 있어 모든 항목에 낙제점을 주고 개선을 요구하는 경우도 있다. 물론 당사자로서 기분이 좋을 수는 없으나 한번 반성의 계기가 되곤 하며 다음 학기를 임하는 자세를 다시 한번 가다듬을 수 있는 계기가 된다.

서비스 개선의 최선의 방법은 고객의 불만을 자극하는 것이라고 한다. 약간 이상하게 들릴지는 모르나 고객이 어떠한 면을 불편하게 느끼고 있는지를 찾아내는 것은 쉬운 일이 아니다. 대부분 구성원은 불만을 말하지 않기 때문에 어떠한 불만과 불편이 있는지 쉽게 알 수는 없다. 또한 시대에 따라 불편하게 느끼는 사항이 변하리라 생각된다. 따라서 도서관 운영자들은 지속적인 설문을 통해 구성원들이 무엇을 필요로 하는지를 찾아내어 대처함으로서 한 걸음 앞서가는 도서관이 되길 바란다.

우리가 식당에 가서 설렁탕을 먹을 때 국물이 짜다고 느껴 주인을 불러 "좀 짠데요"라고 불평하면 주인은 국물을 떠먹으면서 "안 짠데요(손님 입장에서 보면 너무 더럽지만)" 답하는 경우가 있다. 주인 입맛이 중요한 것이 아니고 손님의 입맛이 다양하므로 대처하는 요령이 필요하다고 생각된다. 안 짜다고 강변할 것이 아니라

요령 있게 미소로 대처해 나가면 쉽게 해결되리라 생각된다. 연구 결과에 따르면 불만의 50%는 즉각적인 반응과 부드러운 목소리와 미소로 답하면 해결이 된다고 한다. 학생, 교수, 직원 등 모든 구성원에게는 물론 나아가 지역사회에까지 질 높은 서비스를 제공하는 공간으로서의 도서관 위상을 기대 해 보는 것은 지나친 욕심일까?

장서 오백만권의 꿈

김 진 영
국어국문학과 교수

"화합하고 협동하면 불가능은 없다." 금년도 우리학교의 슬로건이다. 이를 중앙도서관의 목표와 연결시켜 국내외 명저와 학술자료 오백만권 장서를 달성하고자 하는 꿈은 나만의 한갓된 꿈일까.

우리는 다 알고 있다. 세계의 전통있는 명문대학들은 이미 수백만권의 장서와 귀중자료들을 축적하고 있고, 그럼에도 불구하고 국내대학들은 세계 유수의 대학 반열에 들고자 힘쓴다 하면서도 도서관 시설이나 장서 수준에는 크게 미치지 못하고 있음을. 아니 그 방면에는 학교의 역량을 집중시키지 못하고 있음을.

물론 그렇게 된 사정들은 짐작이 간다. 대학들이 한동안 소장 장서의 확충에 힘을 기울였으나, 급변하는 이 시대에 책에 관한 종래의 생각은 시대정신에 뒤떨어진 것으로 치부되는 점이 그 하나이다. 즉 컴퓨터를 활용한 대용량의 정보축적이 가능해지면서 책의 보고인 도서관만 해도 소장 장서의 개념이 크게 달라졌고, 특히 종이책을 귀하게 여기는 사고방식이 빛이 바랜 것이다. 그러나 이 시대에도 종이책은 학술 문화활동의 대표적인 집적물이 아닌가. 특히 전공서적으로 말한다면 교수들의 연구실에 수합된 책이야말로 학생들에게 가장 직접적인 도움이 되는 소중한 자료들이다. 그런데 언제부터인가 은퇴하시는 교수들이 평생 공들여 수집한 도서를 도서관에 기증하고자 해도 썩 반기지 않는 풍토가 생겨났다. 가장 큰 원인은 대부분의 대학들이 한정된 도서관 공간으로는 수장공간이 절대 부족할뿐더러 그 자료들을 정리할 인력이나 전문사서도 태부족이기 때문이란다. 참 안타까운 현상이다. 이번 학기에도 십여 분이 퇴임하여 학교를 떠나신다. 그분들이 평생 수집하고 손때 묻혀 모아온 연구자료들이 갈 곳 몰라 하는 현실이 과연 바람직한가. 공간이 부족하다면 우선 있는 공간이 효율적으로 사용되고 있는가를 살피고 필요 이상의 각종 사무행정 공간들부터 줄여서 알뜰하게 사용해야할 터이요, 근본적으로는 세계적인 규모와 알찬 시설을 갖춘 도서관을 신축하는데 대학의 역량을 집중시켜야 마땅하다. 은퇴교수 한 분당 오천권의 장서만 기증받을 수 있다면 천 명 가까운 우리 교수진의 장서만 수합해도 오백만권 달성은 가능할 것이고, 좋은 여건을 갖추어 다른 대학 교수들과 독지가들의 장서까지 잘 유치할 수 있다면 일천만권 장서의 목표도 세워볼 수 있겠다. 우리나라 대학들의 일반적인 현실에 안주하지 말고, 우리부터라도 학교의 힘을 경주하여 우선 장서부터 세계 명문대학의 수준을 달성했을 때, 우리가 도약하고자 하는 세계 유수대학의 목표는 그만큼 앞당겨 실현될 것임을 확신한다.

　세월은 유수와 같다. 결코 우리를 기다려 주지 않는다. 촌음(寸陰)을 허송하지 말아야 할 것은 개인뿐만 아니라 각 기관, 대학도 마찬가지가 아닐까.

　우리 대학은 기왕에도 외부에 내세워 자랑할 것이 한두 가지가 아니다. 그런데 그 속에 꼭 들어있어야 마땅한 것 하나가 빠져 있다. 즉 가장 규모있고 충실한 장서와 시설들을 갖추고 있는 도서관, 교수와 학생들이 형형한 눈빛들로 밤을 빛내며 공부하고 연구할 도서관이 아직 충실하게 갖춰있지 않은 점이다. 이를 조속히 제대로 갖추는 일, 그것은 무에서 유를 창조하고 시공의 압축발전을 거듭해온 우리 대학이야말로 능히 달성할 수 있는 값진 목표가 아닐까.

도서관은 기본이다

김 종 원
중앙도서관 사서

최근 교육부가 2006년 교원정원 배치에 있어 단 1명의 사서교
사도 배치하지 않겠다고 한다. 현재 전체교원은 교원 법정정원의
88%를 채우고 있지만, 사서교사는 3%에 그쳐 전국에 3백여명 정
도일 뿐이다. 학교교육에서 도서관의 중요성이 점점 커져가고 있
는 요즘 사서교사 배치를 확대해도 부족한 판에 거꾸로 가는 행태
가 아닐 수 없다.

지난해 3월, 대통령령 '대학설립 · 운영규정 개정령'에 따라 대
학의 도서관을 '학교시설 중 지원시설에서 교육기본시설로 변경'
하여 대학의 필수기관으로 규정하였다. 그러나 아직까지 많은 대
학에서 이러한 내용을 정관이나 규정에 반영하지 않고 있다. 그리
고 대학종합평가에서도 대학의 필수 기본시설인 도서관에 대한 평

가는 전체 5백점 가운데 15점에 지나지 않는다. 대학의 모든 영역 가운데 도서관이 차지하는 비중이 3%에 불과한 것이다.

이렇게 대학도서관이 아직 대학의 부속시설로 인식되고, 대학평가의 작은 부분일 뿐이라는 것으로 인해 우리나라 대학도서관들의 어려움이 가중되고 있다. 연구와 학습을 위한 최대의 투자 대상이 아니라 예산절감의 타겟으로 도서관을 본다. 인터넷과 유비쿼터스 등 급격히 변화하는 정보화환경을 이야기하면서 '건물로서 혹은 물리적 형태의 도서관 무용론'으로 성급하게 판단한다.

디지털도서관을 넘어서는 더욱 발전된 도서관 개념이 생겨나도 도서관이 가지는 기능과 역할은 변하지 않을 것이다. '인류의 정신과 지식의 보고'라는 도서관 이념은 인쇄매체이든 디지털매체이든 자료형태와 환경의 변화에 불구하고 도서관 존재와 가치의 중요성과 함께 더욱 커져 갈 것이다. 지식과 정보, 만남이 필요한 모든 사람들은 도서관을 필요로 하고 도서관을 만들어 나갈 것이다. 더구나 연구하고 가르치고 학습하는 사람들이 있는 곳, 모든 교육기관에서 도서관은 그 자체가 기본이며 공기와 같은 필수재이다. 선택이 아니라는 말이다. 다른 모든 것 뒤에 살펴보는 뒷전이 아니라는 것이다.

대학도서관 뿐만 아니라 학교도서관, 공공도서관 등 모든 이름의 도서관이 우리 생활의 기본이 되는 그 날은 오고 있다. 그러나 그 날은 그냥 오지 않는다. 우리의 생각이 변하고 의지가 모이고 행동이 있어야 가능한 일이다.

Ⅲ.
도서관에서 길을 묻다

1년 365일, 책과 호흡하기

책 속에 답이 있다. 답을 찾고 싶은 경희人이여. 지금 도서관에
들러보라.
책이 우리의 여백을 화려하게 메워주는가 하면 휴식이 필요한
순간에는 쉼표가 되곤 한다.
감정의 정화는 물론, 똑똑한 첨삭지도까지…
독서란 우리가 할 수 있는 가장 생산적인 활동이 아닐까?

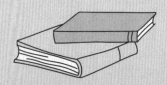

도서관 : 지식의 광산

안 영 수

영어학부 명예교수

아침 저녁으로 교수회관을 오르내릴 때마다 도서관 열람실의 환한 불빛 아래 공부하는 학생들을 보곤 한다. 정말 아름다운 광경이다. 그러나 저 안에서 공부하는 학생들은 각기 나름대로의 목표와 좌절을 겁내며 미래를 불안해 할 게다. 젊음이란 그 자체가 욕망과 불확실 덩어리이기 때문이다. 미래를 계획하고 고뇌하며 책을 읽고 취업준비에 골몰하는 대학생활이 그들의 일생을 통하여 얼마나 중요하고 행복한 시기인 줄을 그들은 모르리라.

필자는 TV조차 없었던 시대에 대학을 마친 컴맹세대이다. 그래서일가? 컴퓨터에서 각종 인터넷 정보를 짜깁기하여 과제물을 제출하는 꾀많은 학생들보다 모르는 단어와 씨름하고 서투른 번역이지만 시간 걸려 자신의 힘으로 제출한 학생들이 더 좋다. 그리고 도서관에서조차 PC에 몰입해 있는 학생들을 보면서 황당한 환상에

사로잡히곤 한다. 아마도 21세기에는 아무도 책을 사지도 읽지도 않을지 모른다고. 그들은 TV, 신문, 인터넷, 애니메이션 등이 토해낸 토막 상식만으로 신지식인이 된다고 믿을지도 모른다. 요즘 X세대들은 여가를 대부분 컴퓨터 앞에서 보내지 않는가. 심지어 북한의 김정일까지도 제국주의의 상징인 콜라는 못 먹게 하면서도 전자오락을 권장한다는 보도를 보면 다음 세기에는 책 읽는 사람들은 아마도 원시인 취급을 받을지도 모른다.

뉴밀레니엄 시대의 대학도서관의 위상은 어떻게 변할 것인가? 도서관은 대학평가의 중요한 잣대의 하나이다. 수많은 분야에 관한 각종 정보와 문헌들이 수집된 이곳이야말로 지식의 광산이며 무형의 광석을 캐기 위해 학생들은 늦은 밤까지 불을 밝힌다. 헌데 그들이 책 읽기를 잊어버리고 모두가 PC 앞에서 시간을 보낸다면 인류의 미래는 어떻게 될 것인가? 영국의 시인 오든(W.H.Auden)은 독서에 대한 다음과 같은 정의를 했다. "어린이의 독서는 즐거움을 위한 것이고, 청소년의 독서는 인생의 지침을 가르쳐 줄 스승을 찾기 위함이며, 20-40대의 독서는 자신을 찾기 위한 것이다."

평생 책과 씨름하며 사는 필자에게 가장 소중한 독서추억은 대학시절 도서관에서 보낸 날들이다. 4년동안 해마다 유신반대 데모 때문에 조기방학에 들어가 여름방학이 석달쯤 되었던 그때 에어컨은 고사하고 선풍기조차 없었던 도서관에서 암울한 현실과 불안한 미래를 잊기 위해 문고판 소설들을 닥치는 대로 읽곤 했다. 신화와 소설의 세계에 탐닉해 있다가 캄캄한 캠퍼스를 걸어나가다 보면 문득 밤하늘의 무수한 별들이 내 마음속까지 쏟아져 내리는 듯 하였던 별밤 기억이 아직도 생생하다.

　뉴밀레니엄은 가시적인 준비가 필요한 것이 아니다. 대학인은 〈더 많이, 더 높이, 더크게〉라는 출세지향적인 캐치프레이즈로 미래를 준비할 것이 아니라 인문학적인 가치에 대한 성찰이 우선 되어야 하는 사고와 독서 분위기에 젖어야 한다. 사회라는 경쟁의 소용돌이에 휘말리기 전에 자신의 정체성을 확립하는 첫 단계로서 보편적인 인간의 문제 - 인간존재의 의미와 삶의 가치 - 에 천착하는 자세가 필요하다. 바로 독서하는 자세를 일컫는다. 대학들마다 경영마인드를 도입하고 경쟁체제에 돌입하여 수치와 계량화로 학문풍토가 급변하고 있는 현실에서 적어도 이것만은 잊지말아야 한다. 도서관이라는 지식과 사색의 광산에서 꾸준하고 치열하게 자기만의 광맥을 찾아 자기완성을 향한 삽질을 그치지 말아야 한다는 것을.

정보의 선택과 식별안

이 영 옥
관광학부 교수

독서의 의미에 관하여 미국의 철학자 Carl Lotus Becker는 "Generally speaking, men are influenced by books which clarify their own thought, which express their own notions well, or which suggest to them ideas which their minds are already predisposed to accept."라고 갈파한 바 있다. 우리는 우리 자신이 원래 가지고 있던 생각을 분명히 해 주고, 우리 자신이 가지고 있는 개념을 더 정확히 표현할 수 있으며 본래 우리가 받아 들이려는 태세가 되어 있던 사상을 일깨워 주는 책에서 가장 영향을 받기 쉽다는 것이다. 누구나 혼자이지 않은 사람은 없다고 하지만 그와는 다른 차원에서 우리 인간은 가깝게는 신체적으로 멀게는 물리적, 정신적, 심리적으로 자기도 의식하지 못하는 순간 서로 서로에게 의지하며 살아가고 있는 것이다. 이때 우리가 의지하는 존재는 우리가 우리의 지각을 통해서 인식할 수 있는 사람뿐만이 아니다. 때로는 바로 곁에서 숨쉬고 있는 살아 있는 사람보다도 더 절실하게 사람의 마음을 움직이고 새로운 생각을 일으키는 것이 책인 것이다. 따라서 독방의 감옥살이를 하는 사람도 책을 손에 쥘 수 있다면 그는 더 이상 혼자가 아니다. 그리고 그 책의 내용이 자신이 기존에 품고 있던 사상이나 생각을 명확히 하거나 자신의 처지를 반영하는 것일 때 그 책은 상당한 영향을 미치는 것이다.

좀 더 적극적으로 자신이 책이나 글을 선택할 수 있는 상황에서는 이러한 점이 더욱 강하게 작용한다. 같은 신문 한 장을 펼쳐 볼 때에도 사람마다 먼저 눈이 가는 기사가 다른 것은 우리 자신의 취향이나 사상 혹은 지식에 의해서 읽고 싶은 쪽이 갈라지기 때문이다. 이는 아무리 귀중한 보물이 있더라도 그것을 알아 볼 수 있는 눈이 없으면 자기 것으로 할 수 없는 이치와도 같다고 할 수 있다. 결국 인터넷의 발달과 함께 인쇄된 책이거나 컴퓨터 화면상의 형태거나 온갖 종류의 정보가 폭발적으로 늘어나 도저히 한 인간의 제한된 범위로는 다 소화할 수 없는 현 상황에서는 더더욱 자신의 취향에 맞고 자신이 이해할 수 있는 정보에만 눈을 돌리게 되는 현상이 나타나게 된다. 항목 별로 관련된 정보자료들이 너무도 많아서 그 항목 하나에만 집중하더라도 거기에 투자하게 하는 시간과 노력은 다른 다양한 정보에 눈을 돌릴 여지를 남겨 주지 못한다. 하루 24시간이라는 시간의 한계와 일정한 용량의 두뇌와 제한된 시력이라는 물리적 한계를 갖고 있는 우리 인간으로서는 파악해야 하는 대상이 확대되었을 때, 한 가지 항목을 찾고 (이를 그와 관련

되어 축소되기 쉬운 것이다.) 말하자면, 또 다른 의미에서의 '풍요 속의 빈곤' 현상이 벌어지게 되는 것이다. 따라서 마치 수많은 갈림길이 동시에 앞에 펼쳐진 듯 선택의 여지가 과도하게 늘어난 현대에서 길을 잃지 않고 필요한 정보를 찾아가는 데에는 더더욱 예리한 식별안(識別眼)이 필요하다고 할 수 있다. 앞으로의 교육이나 독서는 우선적으로 이러한 식별안을 기르는 것을 목표로 해야 하는 시대가 되었다고 할 수 있을 것이다.

대학 그리고 도서관

류 종 훈
한약학과 교수

　현재 우리 나라는 IMF라는 전대미문의 경제위기를 맞아 모든 국민이 고통 속에 살고 있다고 해도 과언이 아니다. 한때 IMF로부터의 완전회복을 외치던 사람들이 다시 국민들에게 고통을 감내해야 한다고 하면서 사회 전반에 대한 개혁을 외치고 있다. 이는 대학도 예외가 아니어서 다양한 고통 분담 프로그램들이 진행되고 있는 것이 사실이다. 대학은 새로운 지식의 창출뿐만 아니라 그 지식이 우리 사회에 가치가 있도록 사용되기를 바라는 것이다. 그렇지 않다면 엄청난 재원을 대학에 투자할 이유가 없는 것이다. 따라서 대학은 항상 비판의 위치에 서 있게 마련이고 대중은 지식사회에서 올바른 외침을 기다릴 지도 모른다. 지식사회가 더 이상 발전하지 않는 사회는 이미 몰락한 사회이며, 지식사회가 지식이라는 테두리 안에서 안주한다면 그것 또한 지식사회가 역할 수행을 제대로 한다고 할 수 없다. 그러나 밖에서 보는 대학이라는 지식사회와 대학 안에서 보는 대학사회가 커다란 골을 형성하고 있다는 느낌은 나 혼자만의 생각일까? 그러한 골을 메울 수 있는 것이 바로 구성원 상호 간의 토론과 이해를 들 수 있을 것이고 또 하나는 독서라고 감히 말하고 싶다. 나는 경제학이라든지 정치 경제학 등의 학문 분야에 대해서는 문외한이지만, 정치와 경제는 불가분의 관계인 만큼 나 역시 사회의 한 구성원으로서 정치, 경제와 밀접하게 관련되어 있음을 자각할 때가 많다. 요즘은 전공 서적에 파묻혀 전공 이외의 다른 서적을 읽을 시간이 없다. 오히려 여유가 없다고 하는 편이 더 타당할 것이다. 가끔 도서관에서 학생들이 무엇을 하고 있는지 살펴보면 많은 학생들도 마찬가지로 전공과 관련하여 참고 서적을 읽는다든지, 아니면 취업과 관련하여 열심히 공부하는 것을 본다. 나의 대학 시절, 지식인의 역할에 대한 책들이 꽤나 유행했던 것으로 기억한다. 그 당시 도서관 개가열람실에서는 역시나, 지식인 등에 대한 책들이 꽂혀 있었고 그것들을 메모하면서 읽었던 기억이 난다. 그러나 요즘 이런 얘기들을 하면 모두 싫증내고 그만 끝내라는 눈치들이다. 유학 시절, 밤늦도록 도서관에서 공부하던 학생들이 생각난다. 그들의 독서량은 나의 상상을 초월할 정도였다. 그것은 전공 서적 뿐만 아니라 사회, 경제 전반에 걸친 것으로 항상 나를 무안하게 만들었다. 나는 대학의 구성원들이 항상 깨어 있어야 한다고 생각한다. 그것이야말로 우리 사회를 일으켜 세울 수 있고 또한 올바르게 인도할 수 있는 길이기 때문이다. 왜냐하면 대학은 사회의 등불이니까.

"德"이의 실종

정 일 영
관광학부 교수

"德"이를 찾습니다.

왜 뜬금없이 德이를 찾느냐고 하시겠지요?

제가 찾는 德이는 보통 德이가 아니랍니다. 그러나 세상 어디를 둘러보아도, 애타게 불러보아도 찾을 수가 없답니다. 제가 찾는 德이가 어떤 德이냐고 물으시겠지요? 여러분도 도와주시겠습니까? 제가 찾는 德이는 "智德"이, "義德"이, "勇德"이, "節德"이라는 이름을 갖고 있습니다.

智德이는 우리들 행위의 옳고 그름을 올바르게 판단하게 해 주는 德이이요,

義德이는 혼탁한 세상에서 정의를 구하려고 애쓰는 德이고,

勇德이는 어떤 위험도 무릅쓰고 착한 일을 하려고 하는 德이며,

節德이는 우리 인간들의 소원과 욕망을 조절하고 쾌락을 절제

하게 하는 德이랍니다. 흔히 이를 일컬어 사추덕(四樞德)이라고
하지요.

　요즘 흔히들 세상 인심이 메말랐다거나 살 맛나는 세상이 아니
라고 쉽게 불평을 토로합니다. 마치 자신에게는 전혀 책임이 없는
양…. 그러나 사실 이 책임은 우리 모두에게 있는 것이 아닌가 합니
다. 우리 모두는 너무 이기적이고 자기 중심적인 발상을 하여 세상
이 혼탁하여지고 메말라 가게 되는 것이 아닐까요? 왜 이 같은 일
이 생기는 걸까요? 이 같은 일이 생기는 이유 중의 중요한 하나는
우리 모두가 책을 멀리하기 때문이 아닌가 생각합니다.

　요즘 들어 우리 학생들은 자신이 어디로 가야하는지, 진정한 삶
의 의미가 무엇인지를 생각하고 깨달을 마음의 여유가 없는 듯 합
니다. 전공 서적과 취업 준비를 위한 서적에 파묻혀 우리 모두가 찾
아야만 하는 德이를 잊고 사는 듯 합니다.
　가을이 깊어 갑니다. 天高馬肥가 天高人肥가 되는 데에만 힘쓰
지 마시고 도서관에 파묻혀 마음도 영혼도 살찌우게 해줄 "德" 이를
찾는 시간을 가져보시면 어떨까 합니다. "至德不孤"라고 하지 않
습니까? "德" 이 지극하면 외롭지 않다는 뜻이지요.

　이 가을이 다 가기 전에 제가 찾은 智德이, 義德이, 勇德이 그리
고 節德이를 꼭 책 속에서 찾아 보시라고 권하고 싶습니다.

독서가 아쉬운 계절

김 종 은
관광학부 명예교수

예로부터 내려오고 있는 독서삼여(讀書三餘)라는 말이 있다. 이는 독서하기에 가장 적당한 세가지 여가라는 뜻으로, 곧 기나긴 겨울 밤, 비오는 날, 그리고 가을철에 책을 많이 읽는다는 뜻으로 풀이된다. 그래서인지 가을을 독서의 계절이라고 한다. 그런데 과연 이 독서의 계절에 몇 권의 책을 읽는지 한번 생각해 보자.

요즈음 현대인들은 시간이 없어서 책을 못 읽는다고 한다. 그렇다면 우리 선조들은 시간이 많아서 책을 많이 읽었다는 말인가?

우선 선배들만해도 책을 많이 읽었다. 필자가 초등·중학교 다닐 때만 하더라도 깊은 밤, 또는 새벽에 글 읽는 소리를 자주 들을 수 있었다. 그래서인지 예로부터 주경야독(晝耕夜讀)이란 말이 전해 내려오고 있다. 즉, 남녀노소를 막론하고 낮에는 밭에 나가서 일을 하고, 밤에는 집에서 책을 읽는다는 뜻이다.

그런데 요즘에 와서는 왜 책 읽는 소리를 들을 수 없는가?

그것은 독서와 멀어져가는 사회 풍토 때문인 것 같다. 서민들은 먹고 살기에 바빠서, 가진 자들은 소비와 향락 추구에 시간적 여유가 없어서, 청소년 및 대학생들은 컴퓨터 놀이에 빠져 들어서 책을 읽지 않는 습관이 된 것 같다.

독서란 본래 자기 정립을 하도록 도와 주는 것이다. 따라서 독서란 지식을 넓히고 참 교양을 쌓게 하며, 인간다운 사람이 되도록 하는 데 큰 의미가 있다고 생각된다.

참 교양이란 우리 인간의 내면생활을 높여주고 삶의 질을 풍요롭게 하는 마음의 양식으로서 마치 육체에 음식물이 있어야 되는 것처럼 정신에 반드시 필요한 것이다.

이러한 교양을 체득하는 것이 곧 독서이다. 우리는 이러한 독서를 통하여 지난 세월의 교훈과 지식과 이상을 접할 수 있다. 그리고 독서를 통해서 저자와 만나 대화할 수 있고 그의 인격과 사상을 음미할 수 있다는 것은 참으로 행복한 체험인 것이다.

독서는 결코 자신의 생활 공백을 메우기 위해서가 아니라 우리들 생활에 보다 더 충실한 활력소를 불어 넣어 주기 위한 것이다. 이러한 독서야말로 자기 자신을 알게 하고 반성하고 생각하게 하여 자아를 성장하도록 한다. 한 권의 감명 깊은 책을 읽으면 그 책을 통해 교양을 쌓게 되고 마음이 착해지고 겸손해지고 정직해지고 건강해진다. 특히 지식이 풍부해도 인간으로서의 교양을 갖추지 못한다면 인격적 대우와 존경을 받을 수 없으므로 참된 교양은 인격을 전제로 한다.

이와 같은 의미에서 이번 가을에는 진정한 독서의 계절이 되기를 바라는 마음 간절하다. 독서삼도(讀書三到)를 생활화하여 미래를 활짝 열어 가자. 즉, 삼도(三到)란 독서할 때는 눈으로 보고(眼讀), 입으로 읽고(口讀), 마음으로 해독해야(心讀)된다는 뜻이다.

책을 건네는 마음

김 중 섭
국어국문학과 교수

중간고사 기간이라 그런지 요즘 도서관 주변이 사뭇 분주해 보인다. 열람실은 물론이고 도서관 앞 쉼터에서도 시험 준비에 열중인 학생들을 쉽게 만날 수 있다. 나 개인적으로는 일 년 가운데 이맘때를 가장 좋아하는데, 이유라면 도서관 옆 작은 오솔길이 새롭게 눈에 들어오기 때문이다. 벚꽃잎이 싸락눈처럼 흩날리는 봄도 물론 아름답지만, 단풍과 낙엽으로 뒤덮인 가을에는 왠지 더 고즈넉하고 사색적인 분위기가 느껴져 좋다. 그래서 문과대 강의가 있는 날이면 일부러 '헐떡 고개' 대신 그 길을 택하곤 한다. 평상시보다 걸음을 늦추고 보폭을 좁혀 걷노라면 대학 시절의 아련한 추억과 함께 오랫동안 보지 못한 옛 친구들의 얼굴이 떠오르게 마련이다.

그들 중에는 오로지 강의실과 도서관만 오가던 학구파도 있고,

반대로 당구장과 막걸리집을 문지방 닳도록 드나들던 낭만파도 있다. 하지만 저마다 개성이 다른 이들 모두가 공유하는 하나의 문화가 존재했던 것도 사실이다. 그것은 다름 아니라, 생일이나 기념일을 맞아 친구에게 책을 선물하는 것이었다. 요즘보다야 못하지만, 당시에도 도서관에서 빌려볼 수 있는 책이 적은 편은 아니었다. 특히 국문학을 전공하는 학생들에게 인기 있던 문학, 철학, 역사 등의 고전은 서가의 많은 부분을 차지하고 있었던 것으로 기억된다.

그럼에도 불구하고 우리들 세대에게는 책을 선물하는 문화가 훨씬 더 친숙하게 느껴진다. 왜 그랬을까? 경제적인 면에서 보자면 그 때가 지금보다 더 힘들었을 텐데 말이다. 돌이켜 보면, 그것이 서로의 마음을 주고받는 방식이 아니었을까 하는 생각이 든다. 새로 나온 신간 서적, 그 중에서도 시집을 선물하는 경우가 많았지만 (아직까지 그런 것처럼 당시에도 시집이 제일 저렴한 책이었으니까), 자신이 감동적으로 읽은 책, 말하자면 이미 중고(?)가 되어버린 책을 선물하는 경우도 종종 있었다. 그것이 상대방의 취향보다 자신의 취향을 앞세운 결과로는 보이지 않는다. 그보다는 '나는 이 책을 감명 깊게 읽었는데, 너는 어떨까 궁금하다.' 내지는 '이 책에 담긴 저자의 마음이 나와 비슷하니, 이 책을 읽고 나를 좀 더 이해해 주었으면 한다.' 는 등의 메시지를 전달하는 것이었다. 이처럼 책은 나와 다른 사람 간에 무언의 교류가 가능하도록 만들어 준다. 나는 요즘에도 사람을 머리로 만나지 않고 가슴으로 만나고 싶을 때 책을 선물한다.

시험이 끝나고 나면 가을도 한층 깊어질 것이다. 굳이 '독서의 계절' 이라는 진부한 표현을 빌리지는 않겠다. 다만, 이 계절이 가기 전에 소중한 사람에게 책 한 권 건네 보자는 제안을 하고 싶다. 자신의 마음이 상대의 가슴 속 깊이 닿을 수 있도록.

도서명
아니마와 아니무스

저자 이부영 / 출판사 한길사

김 륜 재
한의학과 학생

어느해 여름, 어설픈 사랑의 쓰라림을 경험하고서 이 책을 만났다.

나를 쏟았던 사랑이었으면 차라리 좋았을 것을 스스로 만든 방어벽에 갇혀서 간신히 상대를 돌아보면서 지레 그의 마음을 재고, 나의 마음을 재고 하던 때였다.

시작도 되기 전에 끝나버린 관계였지만 마음은 그걸로 끝이 아니었다.

혼자가 된 시간을 받아들이며 치열할 정도로 자신의 마음을 추스려야하는 더 큰 고통이 이어졌다.

"당신에게는 첫눈에 반한 이성이 있는가? 가까워지고 싶은 조바심, 그리움과 안타까움...

이때 두 남녀는 상대방을 통해 자신의 아니마와 아니무스를 경험하고 있는 것이다.

그러나 이상적인 여성상 또는 남성상이 결국 자기 마음속에 있는 것임을 알았을 때 실망은 환멸로 환멸은 공허감으로 바뀌기 시작한다."

특별할 것 하나 없는 씁쓸한 연애담을 통해서 나는 융의 세계에 들어가게 되었다. 머리에서 가슴까지의 거리가 세상에서 가장 멀다고 하던가. 머리로만 알던 것을 체험을 통해 마음의 실체로 느끼고 나니 조금씩 그의 문장들이 다가오기 시작했다.

이 책은 남성과 여성에 관한 책이라 생각한다. 남성 속의 여성성을 의미하는 아니마, 여성 속의 남성성을 의미하는 아니무스는 진정한 자기 자신을 실현하기 위한 과정에서 만나게 되는 무의식의 요소들이다. 이 책을 통해 각각 자신의 내외적인 상황에 따라 풍요로운 의미를 경험할 수 있겠고, 개인적으로는 '우리는 얼마나 자신을 제대로 알고 있는가, 내 안의 나를 알지 못해 서로에게 얼마나 상처를 주고 상처를 받는가' 라는 질문에 의미있는 하나의 대답을 얻은 책이다.

융은 그 자신의 이론을 프로이트의 정신분석학과 구분해서 분석심리학이라 했는데, 혹 '융' 이라는 이름이 낯선 사람은 우리가 흔히 쓰는 '컴플렉스' 라는 말을 최초로 심리학적 의미로 사용한 사람이며, MBTI라는 심리검사를 통해 내향형, 외향형 등의 익숙한 용어들이 융의 인간유형론에서 시작되었다는 것이며 최근에 연금술을 마음의 성장과 관련시켜 여러 책이 집필되고 있는 것으로 아는데, 연금술과 심리학(인간의 성숙)간의 관계를 처음으로 밝혀낸 사람이 또한 융이라고 한다면 이 책이 좀 더 편히 다가올 것이다.

융은 병을 중심으로 사람을 파악하는 병리적인 관점을 벗어나, 병이라 불리는 고통을 통해서 한 개인의 삶이 어떠한 발전의 과정을 보이는지 어떠한 성숙의 계기로 삼을 수 있는지라는 인간적이고 목적론적인 특징을 지니고 있다. 따라서 병에 대한 관점도 병을 고통을 위한 고통이 아닌 각 개인이 진정한 그 자신이 되어가는 과정적인 관점으로 이해하였다.

자신을 실현해가기 위한 과정으로서 아니마와 아니무스의 인식과 통합은 실로 중요한데 이는 다양한 꿈과 민담과 전설 신화 속에서도 이미 우리 삶에 함께 존재해 온 것이다. 한국의 전통문화와 민담 사상 속에서 찾아본 아니마 아니무스적 요소들은 특히 이 책에서 인상적인 부분이었다.

어떤 지적인 호기심보다는 나도 몰랐던 내 마음을 진지하게 느껴보려는 마음으로 이 책을 읽으면 더 깊은 만남을 체험할 수 있을 것이다. 융학과 신화학자인 조셉 캠벨은 "당신이 걸려 넘어진 곳에 당신의 보물이 있습니다"라는 말을 남겼다. 삶에서 쓰라린 아픔을 체험하며 진실하게 그 의미를 찾고 있다면 바로 그곳이 우리 자신이라는 보물을 발견할 수 있는 기회가 될 수 있을 것이다.

도서명

사랑을 선택하는 특별한 기준

저자 김형경 / 출판사 푸른숲

김 진 혁
언론정보학부 학생

지난 11월 21일에 〈사랑을 선택하는 특별한 기준〉이란 소설로 유명한 김형경 작가가 중도 시청각실에서 '글쓰기와 자기 정체성'을 주제로 독서 토론회를 열었다. 전에 그 책을 읽었지만, 정신없이 속독을 해서 그런지 잘 이해가 되지 않았었다. 좋은 기회가 될 것 같아서 독서 토론회에 참석했고, 김형경 작가의 값진 이야기를 들을 수 있었다. 그리고 다시 한 번 여유를 가지고 책을 읽어내려갔다.

〈사랑을 선택하는 특별한 기준〉이라는 제목에서 풍기는 냄새. 사랑 이야기일거라 상상했었다. '선택'이라는 단어는 왠지 남녀의 선택, 삼각관계를 연상시키고, '특별한 기준'은 혹시 성적 매력을 뜻하는 게 아닐까? 그럼 이 소설은 남녀의 불륜에 관한 뻔하고 통속적인 내용이려나? 아니었다. 결코 뻔한 얘기가 아니었다.

작품은 사랑을 다룬 소설이라기보다는 정신분석과 인간 심리를 이야기하는 소설에 가깝다는 느낌이다. 30대 중반을 살아가는 두 주인공 세진과 인혜. 자신의 성 불능과 사랑 불능이 결국엔 생의 불능으로까지 이어질 것 같다고 말하는 세진과 여러 남자와 거리낌없이 성관계를 맺지만 진정한 사랑의 의미를 찾지 못하는 인혜. 정신분석 상담으로 자신의 문제에 접근하고 해결하는 세진. 성적 결핍을 지닌 진웅과의 관계를 통해 사랑을 찾아가는 인혜, 두 주인공이 그들의 자아와 사랑을 찾아가는 과정을 소설은 그리고 있었다.

　소설은 교차 시점을 사용했다. 인혜 중심의 이야기와 세진 중심의 이야기가 한 번씩 교대로 나오는데, 인혜의 이야기 부분은 3인칭으로 서술되고 있고, 세진의 이야기 부분은 1인칭 시점이 사용되었다. 작가는 어떤 의미로 이런 소설적 장치를 마련해 둔걸까 생각해 봤는데 혹시 인혜와 세진이 겪고 있는 삶과 사랑에 대한 문제를 해결하기 위해 인혜의 경우, 자신의 주변과 타인과의 관계를 객관적인 시선으로 볼 필요가 있고, 세진의 경우는 정신분석을 통해 자기 자신의 내면을 되돌아 봐야한다는 게 아닐까 싶다.

　다음으로 사랑을 선택하는 특별한 기준에 관한 거다. '그러니까 결론은 뭐예요? 사랑은 권력욕이고, 생존 본능이고, 사회화된 경험이고 미적 체험이고, 인간 사이의 소통이고, 내가 소멸하는 일이고 그래서 대체 사랑이 뭐라는 거예요? 그러니까 결국, 사랑은 노이로제나 광기라는 뜻이죠.' 오여사 모임 망년회에서 사랑에 대해 이야기를 나누는 부분이다. 그럼 난 사랑을 뭐라고 생각하고 있었나?

나에게 사랑은 나눔이다. 함께 시간을 나누고, 서로의 관심을 나누고, 배려를 나누는 그것이 사랑이라고 생각한다. 그런 의미에서 나의 생각은 오여사의 일원 중 구자연의 주장. '나는 오히려 사랑을 소통이라고 생각해 왔어요. 대화가 통한다든가 정서가 통한다든가... 인간은 외로운 존재이기 때문에 사랑을 찾는 거고, 그렇기 때문에 소통이 중요한 게 아닌가'

도서관에서 마련한 '김형경 작가와의 만남'을 통해 나는 글을 쓰는 소설가를 직접 만나는 첫경험을 했다. 글쓰기에 대해, 그리고 정체성에 대해 말하는 작가의 의견에 공감가는 부분도 많았고 참 뜻깊은 시간이었다. 그리고 이 책에는 작가의 그런 생각들이 재밌는 양념을 곁들여 잘 어우러져 있다. 그래서 추천하고 싶다.

내가 그렇게 느꼈듯이 학우들도 이 책을 읽고나면 자기 주변의 사람들이 얼마나 소중한 존재들인지, 또 그들과 함께 나누는 사랑, 어울림, 그리고 소통이 또한 얼마나 값어치 있는 일인지를 알게 될 거라고 생각한다.

도서명

스스로 깨어난 자 붓다

저자 카렌 암스트롱 / 출판사 푸른숲

김 희 준
한의학과 학생

사실 이 책은 써서는 안 되는 책이다. 붓다(부처)는 생전에 개인 숭배를 금지했었고 따라서 붓다의 행적도 그 기록이 매우 적을 정도인데 이러한 붓다의 일대기를 그린 책이 불교도들에게 받아들여질 리 없다. 그러나 이 책은 붓다를 숭배하기 위해 써진 책이 아니다. 붓다는 스스로가 인간일 뿐이라고 밝힌 적이 있고 저자인 카렌 암스트롱은 바로 그 점에 초점을 맞추며 붓다를 그려내고 있다.

저자인 카렌 암스트롱은 기독교, 이슬람교, 불교의 세계 3대 종교에 정통한 사람으로서 수녀가 되었던 경험도 있던 탓에 비교적 객관적인 관점을 가지고 있을 뿐만 아니라 종교에 대한 해박한 지식도 가지고 있다. 그런 그녀가 그려낸 이 붓다의 일대기는 신화와 전설은 배제한 매우 사실적인 것으로써 한 권의 역사 소설을 읽는 느낌을 갖게 한다.

　난 책을 읽으면서 붓다라는 한 인간의 고난과 시련 그리고 치유를 발견했다. 그는 왕자로서 태어나 매우 부유한 삶을 살았음에도 불구하고 삶의 고통을 알게 되자 거기에 대한 번민을 시작하게 된다. 번민은 어려운 단어 같지만 사실 고민보다 매우 심한 뉘앙스의 말일 뿐이다. 즉 막대한 스트레스에 괴로움을 더하면 그것이 번민인데, 사실 이러한 고통은 현대인들 대부분이 겪는 것이다.

　책에서 읽혀지는 붓다는 내게 불교의 기본 교리인 사성제를 자신의 행적으로 직접 말해주고 있는 듯 했다. '삶은 고통이다. 고통은 욕망에서 비롯된다. 이러한 고통에서 벗어나는 길이 존재한다. 그 길은 자비의 길이다.' 사성제를 쉽게 풀이하자면, 자아라는 것은 허상에 불과한데, 그 자아라는 '나'에 집착하면서 고통이 생기므로, 자아를 없애야 하고, 그러기 위해서는 무한한 자비심을 가져서, 남과 나의 구분을 없게 해야, 자아가 없어진다는 것이다.

　사실 붓다의 설법은 얼핏 들으면 너무나 현실과 동떨어진 이야기 같을 수도 있다. 하지만 붓다가 살았던 당시의 사회는 매우 혼란한 아노미 상태였고 그것은 현대사회와 매우 닮아 있다. 당시의 인도인들은 담마(교리, 철학)를 일종의 '철학적 도구'처럼 생각했고 그 담마가 자신의 고통을 실제적으로 해소해주지 않는다면 쓸모가 없다고 여겼다고 한다. 그런데 붓다의 이러한 담마는 실제적으로

효용이 있었고 그래서 불교가 퍼지게 되었던 것이다.

　'스스로 깨어난 자 붓다'는 제목 그대로, 고통 받는 한 인간이었던 붓다가 스스로 깨달음을 얻어서 자신의 고통을 치유하는 과정을 보여준다. 붓다를 신격화하거나 세상 너머에 무언가 특별한 진리가 있는 것처럼 말하던 기존의 불교 서적들은 내게는 그다지 맞지 않았다. 합리적인 사고와 이성적인 논리로 살아가던 내게는 이러한 인간 붓다의 모습이 훨씬 더 많이 와 닿았다.

　특히 '스스로 깨어난 자 붓다'는 나처럼 고통 받던 사람들을 위한 책이다. 이성과 논리로 무장되어서 '다른 사람의 말을 귀담아 듣지 않거나' '고집이 센' 사람들은 꼭 이 책을 읽어보기를 권하고 싶다. 바로 내가 그랬고, 그럼에도 불구하고 이 책의 붓다는 매우 선명한 모습으로 다가와 내 귀를 열고 직접 치유의 가르침을 속삭여 주었기 때문이다.

도서명

인류의 미래사 :
21세기 파국과 인간의 전진

저자 W. Werren Wagar / 출판사 교양인

유 태 형
사회과학부 학생

폭소클럽2의 한 코너, '최신뉴스'를 알고 있는지. 두 개그맨이 앵커로 나와 최신뉴스를 전해준다며 무선 전화기가 발명되었다는 둥, 한국에서 올림픽을 개최하게 된다는 둥, 이미 수십 년도 더 지난 사건들을 놀랍다는 듯이 보도한다. 그러나 기자의 리포트를 보는 시간에 앵커들은 이렇게 외친다. "아니, 근데 이게 말이 돼?"

어찌 보면 유치하기까지 한 만담 분위기가 물씬 풍기는 이런 개그에 우리가 웃음을 짓는 까닭은 그만큼 세상이 급격하게 변화했기 때문일 것이다. 특히 지난 십여 년 동안 우리에게 벌어졌던 사건들을 저 앵커들에게 귀띔해 준다면 그들은 아마 말도 안 된다며 코웃음을 칠지도 모른다. 하지만 사실인 걸! 영원할 것 같았던 베를린 장벽이 한순간에 무너지면서 동서간의 냉전이 종식되었으며, 현재는 미국과 유럽이 주도하는 자유민주주의를 표방한 초국가주의가 전 세계를 휩쓸고 있다.

하지만 우리도 저들과 별반 다를 것이 없다. 2006년 현재를 살고 있음에도 앞으로 우리에게 일어날 그 어떠한 변화들도 자신 있게 예견할 수 없기 때문이다. 그래서 나는 한권의 책을 추천해 주고 싶다. 바로 워런 와거가 쓴 "인류의 미래사"이다. 이 책은 116살 먹은 2200년의 역사학자 '피터 젠슨'이 손녀 '잉그리드'에게 지난 200년간의 역사를 옛날 이야기 들려주듯 홀로필름으로 전해주는 형식으로 구성되어 있다. 다소 무거운 주제들로 구성된 이 책이 흥미 있게 읽히는 이유가 여기에 있다.

불행하게도 이 책에 나타난 우리의 미래는 그다지 밝지만은 않다. 엄청난 자본력을 가진 초국적 기업들의 등장으로 국가의 개념은 희박해지고, 뒤이어 UN이 지구국가연합으로 개편되면서 전 세계를 신탁통치하게 된다. 이에 부의 재분배를 요구하는 미국과 이를 거부하는 유럽 간의 알력으로 2044년 7월 통합사령부가 미국, 중국 등에 리튬폭탄을 퍼부으면서 '제3차 세계대전'이 일어난다. 현재의 미국 정부의 태도로 보았을 때 미국이 '부의 재분배'를 요구한다는 것이 좀 아이러니하지만 어찌됐든 제3차 세계대전이 벌어지는 동안 세계 인구의 약 70%가 사망한다.

이후 과거의 불평등적 요소 ― 빈부격차, 성차별, 계급주의 따위 ― 들을 없애겠다는 '세계당'이 '세계연방'을 출범시킴으로써 전 세계를 하나의 법률과 질서로 묶는다. 하지만 개인의 자율성과 자유가 억압받는 세계국가적 공동체의 삶은 내부적으로 불만과 가치의 모순을 키우고 있었다. '세계연방'의 비대해진 관료제는 우수한 유전자로 개량된 엘리트들로 구성된 '작은당'에 의해 붕괴된다. 민주주의적 선거에 의해 연방 체제는 와해되고 '작은당'은 집권하자마자 자신의 모든 권력을 내던진다. 세계는 각각의 정치적·종교적 특색에 따라 1000~2000명 정도의 작은 공동체부터 25만 명 이상 규모의 공동체까지 다양하게 갈라진다.

비록 워런 와거는 스스로 이 책을 "논픽션 같은 픽션"이라고 머리말에서 밝혔다. 와거는 현재의 과학과 기술 문명보다는 정치, 경제, 사회, 문화 등 여러 영역을 전체적으로 조망하며 이들 사이에서 개연성을 찾아내고 있다. 그러한 개연성들을 바탕으로 한 픽션이라면, 어느 정도 미래를 확정지을 수 있지 않을까? 이 책의 부제대로 "인간은 전진"하고 있기 때문이다.

* 앞으로 인류세계가 어떻게 변화할 것인지 한 번 상상해보게 됩니다. 마치 한 편의 공상소설을 읽는 기분이라고나 할까요? 우리가 어떠한 길을 가느냐에 따라서 순간의 선택에 우리의 미래가 달려 있다고 여겨집니다. 미리 들여다 본 미래를 통해 현재의 우리를 돌아보게 되고 그에 대한 현명한 판단도 할 수 있다고 생각합니다. 평소 시사에 관심이 많으신 분들, 사회과학을 공부하시는 분들에게 이 책을 추천합니다. 책을 읽다 지루해질 쯤에 어김없이 나타나는 읽을거리, '젠슨가의 일대기'도 놓칠 수 없는 재미입니다. 책을 다 읽고 난 뒤 풍부해진 상식과 깊어진 식견에 아마 깜짝 놀라실 것입니다. 저의 짧은 감상문으로 앞으로 200년간을 어떻게 설명하겠습니까? 일단 한번 읽어보세요!

도서명
민주화 이후의 민주주의
저자 최장집 / 출판사 후마니타스

황 보 라
경영학부 학생

　지금 우리 사회에는 진보와 보수, 좌익과 우익으로 나뉘어서 많은 사회적 갈등이 대립하고 또 그 갈등이 시위라는 모습으로 매일같이 표출되고 있다. 아직 철없던 시절의 나는 몰랐었다. 왜 시위 군중들이 차가운 아스팔트 길바닥에서 경찰들과 대치하고 있는지를⋯.언론이 그들에게 친북이라는 빨간 색깔을 덧씌워 보도하면 나는 그저 그들이 북한의 첩자들쯤으로 되는 줄로만 알았다. 그러나 그들은 자신들의 주장을 사회에 표현하고 있었을 뿐이며 그 목소리가 단지 기득권 세력과는 다르다는 이유로 빨강색이 씌워진 것이다. 왜 언론은 그들에게 빨강색을 씌웠을까?

　대한민국 헌법의 1조 1항은 '대한민국은 민주공화국이다' 라고 정의하고 있다. 이는 대한민국은 민주주의 이념을 기초에 둔 공화국이라는 의미이다. 헌법 1조1항에서 대한민국의 체제를 정의할 만큼 우리나라는 민주주의 이념에 중요한 기본 바탕을 두고 건국되었다. 하지만 정작 나는 민주주의에 대해 얼마나 알고 있었을까? 지금까지 민주주의라 하면 다수결의 원칙을 떠올릴 만큼 민주주의에 대해 아는 바가 전혀 없었다. 일제 시대 해방 이후 어떻게 민주주의가 우리나라에 정착하게 되었는지 그리고 왜 수 많은 대학생 선배님들이 1970~80년대에 피와 땀을 흘려가면서 학생 운동을 했었는지 …… 대학생 신분으로서 이러한 사실도 모르고 그냥 학교 공부에만 매달려 지내왔다는 사실이 부끄럽다는 생각이 들었다.

　이 책은 위의 두 가지 사실에 대한 해답을 명쾌하게 알려준다. 민주주의가 무엇이며 민주주의가 우리나라에 정착되는 과정에서 어떻게 변질되어 왔는지 그리고 현재 우리 사회 민주주의의 문제점을 역사적 배경을 토대로 보여준다. 분단국가라는 특수한 환경에서 냉전반공 이데올로기를 이용한 보수 세력의 진보 세력 억압, 이로 인하여 발생하는 현재 우리 사회의 민주주의의 위기들….

　대학생이 되면서 시사에 관심이 생기고 평소에는 신문에서 안 보던 정치, 사회면을 거들떠 보게 되면 하나 둘씩 의문점이 생겨갈 것이다. 그러나 몇몇 언론에서 전하는 단편적인 사실만으로는 전체를 파악하기가 쉽지가 않다. '나무를 보되 숲을 보지 못하면 실패다' 라는 말이 있다. 이 책은 우리 사회를 이해하기 위한 숲을 보는 지혜를 알려주며 지금의 사회적인 현상들을 또 다른 시각으로 바라볼 수 있게 해준다.

　민주주의라는 이념을 다루는 책인 만큼 쉽게 접근할 수 있는 책
은 아니다. 그러나 대학생이라면 한번 읽어봄이 바람직하다고 생
각한다. 인문학 서적은 대학생 때가 아니면 접하기 힘들 뿐더러 대
학교 도서관이 아니면 인문학 책을 많이 보기도 쉽지 않다. 이번 기
회에 인문학 서적을 한번 접해봄이 어떨까? 경희 학우들에게 '민주
화 이후의 민주주의'를 적극 권하는 바이다.

독서 예찬

임 성 철
사회과학부 학생

　　최근의 현대인들은 과연 책을 얼마나 읽고 있는 것일까? 어느 조사에서인지는 기억나지 않지만 한국인들은 책을 평균적으로 한 달에 0.7권 정도를 읽는다고 한다. 0.7권이면 한 달에 한 권도 읽지 않는다는 말이지 않은가. 물론 현대의 각박하고 비인간적이며 경쟁이 넘쳐흐르는 사회에서는 마음 편하게 책을 읽는다는 것은 주위의 관점에서 사치라고도 비추어 질 수도 있겠다. 게다가 그나마 베스트셀러로 팔리는 책들을 살펴보면 대부분이 실용적인 서적인 것이 지금의 현실이다. 하지만 과연 책을 읽는 것이 시간이 남아돌아서 할 일도 없고, 타고나길 책을 좋아하는 사람들만이 행히는 행동인 것인가.

　　주변의 친구들을 살펴보면 그 친구가 어떠한 친구이건 평범한 친구이건 약간 활동적인 친구이건 간에, 책을 다수 읽고 있는 친구란 거의 찾아보기 힘들다. 하루 대부분의 시간을 무엇을 하면서 보내는지 궁금하여 개인적으로 물어보면, 컴퓨터로 애니메이션을 본다던가, 최근 유행하는 유명한 TV프로를 보면서 시간을 보낸다던가, 활동적인 아이들은 다른 친구와 같이 바깥 활동을 즐기는 등, 대부분 독서와는 거리가 있는 생활을 하고 있다. 실제로 나의 친구 중에는 재미있고, 대부분의 학생들이 한 번쯤은 접해 보았을 법한 해리포터 마저도 책을 읽는 것이 너무 지루하고 힘든 활동이라 포기하는 친구들도 다수 있다. 그런 친구들에게 반지의 제왕의 경우 영화보다 책이 더 재미있다고 말하는 것은 그야말로 소귀에 경 읽기 쯤 되는 행동이 되어버린다. 그런 친구들은 자신이 일명 '활자 울렁증'을 가지고 있다고 주장하며 책을 펼쳐서 그 안의 글자를 훑어보기만 하여도 잠이 쏟아지거나 정신이 혼미해지며 집중이 되지 않는 증상이 나타난다고 한다. 이 이야기는 결코 픽션이 아니며 그 친구들과 실제로 대화를 하면서 들은 정보인 것이라는 점이 중요하다. 이런 부류의 사람들은 책을 읽는 것을 조금은 부정적으로 생각하며, 시간의 낭비라고 생각한다거나, 그 시간에 다른 많은 일을 할 수 있다는 등의 주장을 하면서 현대에는 책이 아니더라도 그 외의 것들에서 정보와 지식을 얻을 수 있다는 등의 말을 한다. 아마 대부분의 현대인들이 그런 식의 생각을 하고 있을지도 모른다.

　　하지만 직접 수많은 책을 읽어본 나는 결코 그런 식으로 생각하지 않는다. 비록 나의 학창 생활은 친구들과의 관계보다 책을 통하여 이루어진 간접적 인생이 더욱 많은 부분을 차지하고 있더라도 나는 그 점을 결코 후회하지 않는다. 어떤 책을 읽건 그 안에서 얻어낸 정보나 지식 또는 교훈은 우리에게 어느 종류에 관계없이 감동과 함께 다가오기 때문에 단편적이며 재미나 흥미 위주로 다루어지는 현대의 정보 제공 매체보다 더욱 가슴 깊은 곳에 새겨진다. 나는 이렇게 생각한다. 사람들이 그저 감동만을 느낀다고 생각하는 문학 소설이라도 자신이 그것을 진지한 마음으로 접하고 받아들인다면 분명 개인마다 다르겠지만 무언가를 얻을 수 있을 것이라고 말이다.

독서를 한다는 것은 책을 사거나 도서관에서 빌리는 등의 개인의 적극적인 행위가 우선시된다. 그런 적극적인 행위는 개인에게 무언가 자신이 원해서 하는 일이라는 생각을 갖게 해주어서, 그저 수동적으로 받아들이기만 하는 현대의 정보매체보다 임하는 태도가 더욱 고양되어 진다. 인생은 한 번 흘러가면 끝인 강물과 같다. 하지만 그 속에서 우리는 책을 통하여 다른 사람이 흘러간 방식을 어떠한 장르건 접하게 되며, 그것을 통해 자신을 바꿀 수 있다. 그렇기에 책이야말로 인생에서 필수 불가결한 것이라 주장하고 싶다.

책이 있어 책을 읽으니, 이 또한 넉넉하지 아니한가

김 형 철
관광학부 강사

지난 9월말 KTX를 타고 부산으로 가고 있었다. 그날 대학원 강의가 있어 객실에 앉아 강의 준비를 마무리하고 있었다. 그때 고요한 정적을 깨고 휴대폰에서 벨소리가 울려 퍼졌다. 옆사람에게 양해를 구하고 객실 밖으로 나가서 전화를 받았다. 내용인즉, 필자가 다독상 수상자로 선정되었으니 상품을 받으러 오라는 전화였다. 지금까지 살아오면서 많은 상을 받았지만, 책을 많이 읽었다고 상을 준다고 하니 이보다 더 큰 賞이 어디 있으랴! 필자는 대학생 때도 책을 많이 읽었지만 그 당시는 언제 반납하는지 몰라 늦게 반납하다가 연체료를 내기도 하였고, 대출 방식이 폐가식이라 필자가 원하는 책이 아닌 경우도 많았으며, 보고 싶었던 책을 다른 학우가 빌려가서 언제까지고 기다린 적도 있었다. 하지만 지금은 모바일 인터넷 만능 시대라, 예전처럼 반납일이 언제인지 걱정할 필요도 없이 전자메일로 알려주고, 폐가식 대출이 아니라 개가식 대출인지라 책을 직접 만져가면서 대출을 할 수 있어서 좋고, 다른 학우가 대출했어도 예약을 해두면 본인에게 우선권이 주어지니 정말 편리한 e-대학 도서관이 되었다. 하지만 요즘 신세대 학생들이 필자같은 486세대들보다 교양 도서를 대출하지 않는 것 같아 마음이 무겁다.

　공자께서 말씀하시기를 배우고 때로 익히니 이 또한 즐겁지 아니한가(學而時習之 不亦說乎)
　친구가 있어서 멀리서 찾아오니 이 또한 기쁘지 아니한가(有朋自遠方來 不亦樂乎)
　남이 나를 알아주지 않는다 하여 화내지 아니하니 이 또한 군자가 아니겠는가(人不知而不慍 不亦君子乎)

라고 하셨는데 필자는 하나 더 덧붙이고 싶다. 책이 있어 또 책을 읽으니 이 또한 넉넉하지 아니한가라고……

　가끔 학생들로부터 독서를 하고 싶은데 책을 읽을 시간이 없다고 하는 이야기를 듣는다. 그럴 때면 자기 자신의 하루 생활을 리스트럭처링해보라고 조언한다. 하루 24시간 중 버스나 지하철로 이동하는데 평균 4시간이라면 그 중 2시간만 독서에 투자한다면 매월 62시간은 책과 가까이 지낼 수 있는 게 아닌가. 그뿐인가 혼자 식사할 때, 화장실에서, 버스를 기다리며, 은행에서, 얼마든지 독서

할 시간이 생길 것이다.

며칠 전에는 서울로 돌아오는 고속버스에서 그냥 흘려 보내는 시간이 아까워 운전기사에게 독서등을 점등해 달라고 부탁한 적이 있었다. 그때 필자를 바라보는 다른 사람의 시선은 버스에서까지 꼭 그렇게 해야 하는가하는 분위기였다. 하지만 개인의 경쟁력이 국가경쟁력이라는 말이 나오고 있는 요즘, 필자는 일본을 떠올리고 싶다. 몇 년 전 일본에 갔을 때의 일이다. 도쿄 우에노역에서 나리타 국제공항으로 가는 2시간 동안 일본인들은 남녀노소 너나없이 손에 책이 있었다. 그것이 교양 도서이든 신문이든 잡지든 만화책이든 모두가 독서삼매경에 빠져 있었다. 순간 이것이 그들의 국제경쟁력이구나 하는 생각이 뇌리를 스쳐 지나갔다. 우리는 지하철에서 책 대신 휴대폰만 애지중지하는 것은 아닌지 곰곰이 짚고 넘어가고 싶다. 필자가 경희대학교 학생들에게 꼭 당부하고 싶은 말이 있다. '먼저 쉬운 것부터 하고 나중에 어려운 것을 하자(先利後難)' 교양도서를 매월 10권 읽는 것보다 쉬운 것은 1권을 읽는 것이고, 1권을 읽는 것보다 더 쉬운 것은 교양도서를 항상 가지고 다니는 것일 게다. 결국 언제나 책을 가지고 다니다보면 1년에 교양도서 120권을 읽지 않을까 한다.

잊혀진 제국을 위한 서사시:
비잔티움 연대기 1~3

황 남 석
법학부 교수

　　"...황금의 가지로 하여금 비잔티움의 귀족과 귀부인들을 위해 노래하게 하리라..."

　　연대기는 마치 일리아드의 첫 구절을 연상시키는 예이츠의 시-비잔티움을 항해하며-를 인용하면서 긴 항해를 시작한다. 몇 년 전 시오노 나나미의 로마인 이야기가 큰 인기를 끌면서 로마의 역사가 일반인들의 주목을 받게 된 바 있다(물론 작가의 역사관에 관하여는 다소의 논쟁이 있는 것으로 안다). 매년 1권씩 15년에 걸쳐서 출간된 '로마인 이야기'는 2007년 제15권 '로마 세계의 종언'을 마지막으로 대단원의 막을 내렸다. '로마인 이야기'는 476년 서로마제국의 멸망을 실질적인 로마제국의 멸망으로 간주하여 이야기를 마무리 진 셈인데, 비잔티움 연대기는 그 후 1,000년 가까이 계속된 동로마제국의 역사를 다루고 있다. '로마인 이야기'의 속편에 해당하는 셈이다.

위 책을 읽어보면, 우리가 세계사 시간에 단 몇 페이지 분량의 서술로 '때우는' 동로마제국의 역사는 그렇게 간단하게 요약될 성질의 것이 아님을 알게 된다. 콘스탄티누스 대제가 제국의 내분을 종식시키고 330년 5월 11일, 지금의 이스탄불을 새로운 로마(얼마 지나지 않아, 콘스탄티누스의 도시-콘스탄티노폴리스로 불리게 된다)로 선포한 후로부터 1453년 5월 29일 오스만투르크에 의하여 함락될 때까지 1,000년 간 계속된 제국의 역사는 한편으로는 옛 로마제국의 전통을 계승한 영광의 역사임과 동시에 음모와 배신으로 점철된 어두운 역사이기도 하다. 몇 번이고 급격한 몰락의 조짐이 있었지만, 그 때마다 위대한 황제가 나타나 제국을 부활시킨 행운의 역사이기도 하다. 이들은 스스로를 로마인이라고 생각하였지만 더 이상 라틴어를 사용하지 않았고, 주피터를 섬기지도 아니하였다. 그 자리를 희랍어와 기독교가 대신하였다. 그러나, 비잔티움 사람들은 고대의 지혜를 계승하여 이를 서유럽에 전해 줌으로써 이탈리아 르네상스의 밑거름이 되었다.

저자는 콘스탄티누스 대제로부터 시작하여 마지막 황제인 콘스탄티누스 11세-공교롭게도 첫 황제와 마지막 황제의 이름이 같다-까지 모든 황제의 연대기를 꼼꼼하게, 그러나 기지가 넘치는 문체로 적어나간다. 저자의 재치 넘치는 입담 덕분에 3권의 두꺼운 책이 전혀 지루하지 않다는 점이 위 책의 미덕이기도 한데, 매춘부에서 황후의 자리까지 오른 테오도라, 대제라는 이름이 무색하게 명장 벨리사리우스를 끊임없이 시기한 유스티니아누스 1세(법학도들에게는 로마법대전의 편찬으로 유명하다), 신체가 훼손된 자는 황제가 될 수 없다는 전통을 깨고 2차례나 황제의 지위에 오른 유스티니아누스 2세[그 이후부터는 황제 자리를 위협하는 자의 코를 잘라내는 '혐오스러운' 풍습이 사라지고, 덜 혐오스러운(?) 사형이 이를 대신하였다고 한다], 국가 분열의 주된 요인이었던 기독교 교리 논쟁, 베네치아의 농간으로 오히려 같은 기독교국인 비잔티움 제국의 수도가 함락당한 제4차 십자군 전쟁에 관한 서술이 특히 흥미롭다.

그러나 무엇보다도 연대기의 백미는 유구한 세월을 이어온 제국의 종말에 관한 부분이라고 할 수 있겠다. 1453년 5월, 비잔티움은 1만명의 인원으로 오스만 투르크의 메메드 2세 지휘 하의 10만 대군을 맞아 장렬하게 싸웠으나 끝내 함락당하고 만다. 마지막 황제 콘스탄티누스 11세는 패배를 직감하고 적진으로 몸을 던진다. 이후 그의 모습은 역사에서 종적을 감추었다. 패배자의 운명이 늘 그러하듯 3일간 계속된 약탈에서 콘스탄티노플의 집들은 모두 잿더미가 되고 여자들은 능욕당하였으며 아이들은 꼬챙이에 찔려 죽었다. 소피아 대성당의 사제들은 마지막 순간까지도 미사를 집전하던 중 주제단에서 살해당했다. 민간에서는, 실은 사제들이 죽은 것이 아니라 대성당의 남쪽 벽을 통해 잠시 사라진 것에 불과하며 콘스탄티노플이 다시 기독교의 도시가 될 때 나타나 중단되었던 미사를 재개하리라는 전설이 전해져 온다고 한다(그러나, 이스탄불은 오늘날 여전히 이슬람교의 도시이다).

콘스탄티노플의 마지막 날로부터 500년이 넘게 흐른 오늘, 그날을 기억하는 자 아무도 존재하지 않는다. 아비규환의 그날, 울부짖었을 비잔티움의 시민들도, 환희에 차서 도시를 약탈하였을 투르크의 용사들도 모두 티끌로 사라진지 오래이다. 오직 마지막 그 순간에 관한 기록이 남아 있을 뿐이다.

황제의 궁전에는 거미줄만 무성하고,
아프라시아브의 탑에는 부엉이만 우는구나.1)

로마인 이야기 이후, 로마 제국의 나머지 반쪽의 운명을 알고 싶은 분들께 이 책의 일독을 권한다.

---

1) 메메드 2세가 콘스탄티노플에 입성하면서 읊었다는 페르시아의 시구.

책 권하는 사회

박 인 철
철학과 교수

책과 관련된 칼럼을 쓰려고 하는데 갑자기 현진건의 소설 〈술 권하는 사회〉가 떠오른다. 이 소설의 줄거리는 시대와 사회에 절망하는 1920년대의 한국 청년이 술에 취해 살 수 밖에 없는 현실을 자조하는 내용이다. 흥미로운 것은 그저 무기력해하고 술만 마시는 남편이 안쓰럽고 속상해 '누가 이렇게 술을 권하느냐'고 묻는 아내의 말에 남편이 자조적으로 '사회가 그렇게 권한다'는 답변이다. 그 시대의 사회와 지금의 한국 사회는 많이 다르고 당시의 절망하던 남편은 이 시대에서라면 술도 안 먹고 의욕적으로 열심히 일할지도 모르겠다. 그래서 '사회가 술을 권한다'라는 식의 말은 이제 더 이상 필요 없는 말이 되었는지도 모른다. 그러나 과연 그럴까? 최소한 시대에 절망하지는 않더라도 사회살이에 힘들어하고 그래서 이를 잊기 위해 술에 의존하려는 사람이 아직도 적지 않다는 것을 부인하기는 어렵다.

그러나 여기서 필자의 초점은 지금 사회가 술을 안 먹어도 좋을 만큼 훌륭하고 건전한 사회냐 아니냐를 따지자는 것이 아니다. 술 권하는 사회는 그만큼 사회의 암울함과 부정성이 듬뿍 담긴 표현이다. 여기서 '술' 대신에 '책'이 들어가면 어떨까? 글자 하나로 분위기가 완전히 달라진다. '책 권하는 사회'. '책 권하는 사회'는 사회에 대한 긍정성과 희망이 듬뿍 담겨 있는 표현이다. 그리고 사회가 술 대신에 책을 권한다니 이 얼마나 건전한 사회인가?

그런데 우리나라 사회는 아직은 '책 권하는 사회'보다는 '술 권하는 사회'에 좀 더 가까운 것 같다. 물론 술에 대한 관대한 사회적 분위기도 있겠지만 책의 힘과 효과에 대해 아직은 술보다는 덜 믿는 경향이 있는 것 같다. 힘들고 슬플 때 대부분 쉽게 지인들과 어울려 술자리로 가지 서점이나 책을 읽으러 갈 생각은 않는다. 기쁠 때는 더더욱 말할 필요도 없다. 생일 파티 때 모여서 같이 술은 마실지언정 독서 토론하는 것은 상상하기 힘들다. 책은 그저 혼자서 여유 있을 때 혹은 심심할 때나 보는 사치품 정도로 여기는 것 같다. 꼭 필요한 경우, 가령 시험 때나 숙제를 위해서 말고 책을 적극적으로 찾아서 읽는 경우는 사실상 드문 것 같다. 초등학생의 경우 워낙 독서를 학교에서 의무화해서 좀 나은 편이지만 대학생의 경우는 일부를 제외하고는 책을 읽는 분위기가 제대로 형성이 되어 있지 않다.

여기서 필자가 강조하고 싶은 것은 책은 '술' 이상으로 힘이 있고 효과가 많다는 점이다. 과거 베이컨이 '아는 것이 힘이다' 라고 했을 때 이 앎(지식)은 바로 책으로부터 오는 것이며 이 앎을 토대로 인간은 엄청난 기술적 발전을 이룩했다. 앎은 인간에게는 바로 행복을 의미했다. 그리고 보다 구체적으로 요사이 우리 주변에서 이루어지고 있는 소외된 자에 대한 인문학 강의를 보자. 현재 우리 학교 문과대학에서도 실천인문학이라고 해서 노숙자에 대한 인문학 강의를 실행하고 있다. 그런데 노숙자의 상당수가 알코올 중독자라고 한다. 그들은 술에 의존해 무언가 절망감을 극복하려고 했을 것이다. 그러나 그 결과는 참담했다. 그러나 그들은 다시금 철학 강의 등을 들으면서 삶의 희망을 불태우고 있다. 이들에게 다시금 희망을 북돋아준 인문학 강의의 핵심은 바로 동서양 고전이며 바로 이 명저의 내용을 되새기면서 이들은 다시금 자존감을 회복하고 있다. 그 만큼 책의 힘은 위대하다.

대부분의 사람은 책을 장식품이나 겉치레 정도로만 여기고 그것이 갖는 내적 가치에 대해서는 사실상 제대로 생각해 보려고 하지 않는다. 그리고 책을 읽으면 좋다는 것을 알면서도 왜 읽지 않느냐고 물으면 단지 시간적 여유가 없어서라고 말한다. 그러나 이것은 전적으로 잘못된 생각이다. 이제 책은 하나의 기호품이 아니라 필수품처럼 인식되어야 한다. 책이 우리의 현실에 대해 갖는 그 엄청난 효과와 힘에 대해 철저히 실감을 해야 한다. 책은 그냥 있으니까 읽는다는 정도가 아니라 '반드시 읽어야 하니까 읽어야 한다' 라고 인식이 바뀌어야 한다. 바로 '책 권하는 사회'로 사회 분위기가 바뀌어야 한다. 주식이나 부동산 투기를 권하는 사회가 아닌 진정 '부자'가 되라고 책을 권하는 사회, 그리고 기쁜 일이 있을 때나 슬픈 일이 있을 때 술을 권하는 사회가 아닌 한 권의 아름다운 책을 권하는 사회, 누구나 책을 휴대폰 휴대하듯이 한 권 씩 가지고 다니는 사회가 될 때 그 사회는 진정 건강하고 밝은 사회가 될 것이다.

그러면 이러한 '책 권하는 사회'가 되려면 어떻게 해야 할까? 무작정 서점에 가야 할까? 그렇지 않다. 그냥 집에 있는 책만으로도 충분하다. 그리고 이제껏 눈여겨보지 않은 집안의 책을 그저 심심할 때나 한가할 때 읽지 말고, 정말 힘들고 괴로울 때 차분한 마음으로 아무 책이나 집어 들어서 꼼꼼히 읽어보기를 권유한다. 아마도 술보다는 훨씬 큰 효과를 서서히 느끼게 될 것이다. 그래서 그 효과를 본 사람이 다른 사람들에게 '힘들 때 한 번 책을 읽어 보십시오' 혹은 만나는 사람마다 '책 읽고 계십니까?'라고 묻는 사회적 분위기가 조성될 때 우리나라 사회는 이른바 꿈에 그리는 '책 권하는 사회'가 될 수 있을 것이다.

도서관 산책자의 꿈 : 인문학 서적과 영화 매트릭스

이 병 주
언론정보학부 강사

나의 한 가지 취미는 시간이 날 때면 대형서점 안을 걷듯이 중앙 자료실 안에서 산책을 하는 것이다. 그러면서 새로 들어온 책과 서가에 꽂혀 있는 책들을 확인하고는 지키지 못할 독서 계획을 세우곤 한다. 일상의 분주함으로부터 도려내어진 이 편안한 도피 속에서, 벤야민이 「나의 서재」라는 에세이에서 그랬듯이, 나만의 가상의 서재를 공상해 본다. 그러나 이 즐거운 공상을 깨는 것은 「나의 서재」에 인용되어 있는 책에 관한 라틴어 속담이다. "모든 책은 제각기 자신의 운명을 가지고 있다." 물론 여기에 한 마디 말을 덧붙일 수 있다. "모든 책은 제각기 자신의 냄새를 가지고 있다."

책의 운명, 이 말은 다양하게 해석될 수 있다. 그러나 내가 이 속담을 떠올리게 되는 계기는 항상 동일했다. 그 계기란 손길이 가지 않아 먼지가 쌓인 책들을 발견할 때이다. 책은 홀로 말할 수 없다. 왜냐하면 오직 독자의 손길과 눈이 책과 만났을 때에만 자신의 몸에 새겨진 것들을 독자에게 말할 수 있기 때문이다. 이런 의미에서 책 위에 쌓인 먼지란, 말을 잃은 어떤 사람의 멍한 시선과도 같은 것이며, 말들의 감금이나 되돌려 받지 못한 말들의 고독과도 비슷한 것이다. 넘겨지지 못한 책장은 누렇게 바래 독특한 종이 냄새를 풍기지만, 내게는 이 냄새란 말하지 못하는 것들이 풍기는 외로움의 냄새로 느껴진다. 모두들 21세기는 문화의 세기라고 말하지만 도서관 안의 인문학 책들의 운명은 여전히 넘겨지지 못한 책장의 외로움이다. 이 보다 더 한 역설이 있을까?

모두가 문화 콘텐츠를 이야기하지만 넘겨지지 못하는 책장에 대해서 이야기하는 사람은 별로 없다. 누구나 「매트릭스」를 만든 워쇼스키 형제에 대해서 이야기하지만 한 가지 이야기되지 않는 것이 있다. 이들은 「매트릭스」를 어떻게 만들었을까? 영화 속에는 이런 장면이 있었다. 네오가 해킹한 프로그램을 팔 때, 그 프로그램을 담아 놓은 책이 있었다. 그 책은 바로 보드리야르의 『시뮬라시옹』이었다. 이 책을 읽어 본 사람은 느꼈겠지만, 매트릭스 1편은 『시뮬라시옹』의 영상화라고 까지 말할 수 있다. 「매트릭스」가 그토록 독특했던 것은 바로 콘텐츠, 즉 이 영화가 우리에게 건네고자 했던 말들에 있다면, 우리가 잊고 있는 것은 이 말과 발언을 만들기 위한 과정들이다. 문화 콘텐츠를 외치는 사람들 중 「매트릭스」의 시나리오을 쓰기 위해서 『시뮬라시옹』의 책장을 넘겼던 워쇼스키 형제의 세심하고 느린 손을 이야기했던 사람은 몇이나 될까?

　어느 화가가 '아는 만큼 그리고 사유한 만큼 볼 수 있다'고 말한
것과 마찬가지로 문화 콘텐츠를 만들 수 있는 상상력 또한 아는 만
큼 그리고 사유한 만큼 넓어질 수 있다. 사유나 지식 또한 말들의
건넴을 통해 형성되는 것이고, 책장을 넘기는 손과 눈이 긴 시간 동
안 빚어내는 자신만의 세공물과도 같은 것이다. 트랜드에 관한 책
들은 먼지가 쌓이지 않는 반면에 트랜드를 꿰뚫을 수 있는 책들은
먼지 쌓여 말을 잃어 가고 있다. 아마도 이것이 문화 선진국과 우리
의 차이일 것이다. 즉, 표면이 존재하기 위해서는 깊이도 존재해야
한다는 사실을 기억하는가에 따른 차이.

　문화 콘텐츠란 새로운 것이 아니다. 말 그대로 내용이며, 이 내
용이란 우리의 삶과 사회에 대한 발언일 수밖에 없다. 「매트릭스」
와 같은 매혹적이지만 좋은 영화들은 이 시대의 문학이라고 말할
수 있으며, 한때 문학이 그랬듯이 철학, 문학 등의 여러 분야의 책
들이 이 영화를 가로지르고 있다. 이 영화의 매혹 그리고 비판적인
힘은 바로 인문학 책들이 엮어내는 지식과 말들과 사유의 거미줄
이다. 물론 인문학 책의 책장은 이 책이 담고 있는 말들의 무게 때
문에 넘기가 만만치 않다. 다시 「매트릭스」 영화의 한 장면으로 되
돌아 가보자. 네오가 드디어 네오가 되었을 때, 현실이라고 느꼈던
것은 단지 초록색 컴퓨터 프로그램의 흘러내림으로 바뀐다. 이것
이 인문학이 줄 수 있는 최상의 선물이다. 그리고 이 선물을 공유하

는 과정, 이것이 문화이고 문화 컨텐츠가 아닐까? 어쨌든 먼지를 뒤집어 쓴 책들의 외로움이 깨지기를 다시 한 번 꿈꾸어 본다.

책 먹는 젊은이

진 은 진

국제캠퍼스 학부대학 객원교수

> 고라니와 사슴의 무리
>
> 쑥대로 이은 집.
>
> 창 밝고 사람은 고요한데
>
> 배고픔을 참고서 책을 보노라.
>
> - 송시열, 「서화상자경(書畵像自警)」

    송시열이 자신의 초상화에 얹은 글이다. 송시열은 노론의 당수로 늘 당쟁의 한 가운데에 있었다. 권도(權道)보다는 정도(正道)를 지키려 했던, 그래서 처세나 인기응변보다는 대의명분과 명예를 중시하였던 대쪽같은 성품의 대학자였다. 그 때문에 수시로 관직에서 물러나고 귀양을 갈 수밖에 없었는데 산야에 묻혀 쑥대로 이은 집에 살고 있었다는 것으로 보아 이 글을 썼던 때도 그 즈음이었나 보다.

　달이 훤히 떠올라 창을 밝힌다. 인적 없어 더욱 외롭지만 꼿꼿이 앉아 책장을 넘긴다. 배에서 꼬르륵 소리가 난다. 지금으로 치자면 자기 사진을 들여다보면서 자기 모습을 떠올리고 있는 셈이다. 혹은 그리 살겠다는 다짐이었는지도 모르겠다. 그렇게 스스로 마음을 벼르고 있다. 창에 비치는 명징(明澄)한 달빛처럼 서늘하기 그지없다. 어지간히 고집스러운 양반이었나 보다.

　배부른 돼지가 되느니 배고픈 철학자가 되겠다고, 소크라테스가 그랬다던가? 왜 배부른 것은 돼지고, 철학자는 배가 고파야만 하는가. 동서고금을 막론하고, 그것이 진리란 말인가. 책 읽기 딱 싫어진다.

　책에 미쳐 추위와 굶주림을 피할 수 없었던 어리석은 학자가 또 하나 있었으니 그가 바로 이덕무다. 한서로 이불을 삼고 논어로 병풍을 삼아 한겨울 추위를 피하고자 했던 것으로 이미 유명한 그가 온 식구가 굶어 죽을 지경에 이르자 특단의 조치를 취한다. 애지중지하던 『맹자』를 2백전에 팔아 쌀을 산 것이다. 진작 그랬어야 했다. 배가 불러지니 다시 후회와 자괴감이 밀려왔던지 벗 유득공에게 달려가 허세를 부렸다. 내가 맹자를 팔아 식솔들 배를 불렸노라고 말이다. 유유상종이다. 유득공 또한 그 자리에서 『좌씨전』을 팔아 술을 받아 줬다는 것이다. 위로였을까, 자조였을까? 아무려나 책을 팔아 밥을 사고 술을 사다니, 기발하기는 하지만 좀 청승맞다.

프란체스카 비어만의 그림책 『책 먹는 여우』에 나오는 여우는 아예 책을 먹는다. 그것도 그냥 먹는 게 아니라 소금과 후추를 뿌려 냠냠 맛있게 책을 먹어 치운다. 책을 먹는 이야기가 전혀 낯설지만은 않다. 우리들 세대나 그 이전 세대라면 영어 사전 한 장 씩 외우고 뜯어 먹었다는 5,60년대식 이야기를 들어본 적 있을 것이다. 독하다. 그 독기가 전쟁의 폐허에서 우리를 일으켜 세웠다고도 할 수도 있을 것이다. 하지만 '한강의 기적'을 일군 이들은 소수의 엘리트가 아니라 이름 없는 수많은 노동자들이다. 게다가 죽자고 외우고 꽉꽉 씹어 꿀꺽 삼켰다는 그 책이 하필 영어사전이라는 것도 기분 나쁘다.

여우는 책이 좋아서 먹는다. 자조도 없고 독기도 없다. 그렇게 책을 좋아하여 여우는 전당포에 물건을 맡기고 책을 사 먹는다. 얼마나 원초적이고 순수한 책 사랑인지. 그러나 얼마 안 가 더 이상 맡길 물건마저 떨어지고 만다. 자 이젠 어쩌나. 여러분들 같으면 어떻게 하겠는가. 그렇다. 도서관이 있지 않은가. 공짜다. 도서관에 빼곡히 들어찬 책을 보며 입맛을 다셨을 여우를 생각하니 절로 웃음이 난다.

도서관 책을 야금야금 먹어치우던 여우는 결국 책 도둑으로 몰리게 되고, 뒷골목을 전전하며 광고지와 싸구려 신문지, 폐지 수집

함까지 뒤지다가 영양실조에 걸린다. 마침내 동네 서점을 털던 여우는 감옥에 갇히는 신세가 되고 만다. 오, 불쌍한 장발장! 배고픔을 이기지 못하여 책 하나를 훔친 것이 죄가 된단 말인가.

하지만 여기서 끝이 아니다. 여우는 절망을 딛고 스스로 글을 써 베스트셀러 작가가 된다. 그리고 그 돈으로 책을 배불리 사 먹을 수 있게 되었다는 이야기다. 속이 다 후련하다.

배고픈 자들의 책 이야기는 여기서 끝을 내려 한다. 어떤 이들은 배고픔을 참고 책을 읽고, 어떤 이들은 배고픔을 이기기 위해 책을 팔았다. 그런가 하면 어떤 여우는 배고픔을 이기기 위해 책을 먹었다. 자, 그러니 그대들도 소금과 후추를 뿌려 책을 읽으라, 지금 이런 뻔하게 속 보이는 교훈을 강요하자는 것은 아니다.

그대들은 한민족 5천년 역사 이래 가장 자유분방한 영혼들이다. 책을 뜯어 먹든, 찜 쪄 먹든, 팔아먹든, 훔쳐 먹든, 먹다 버리든, 다이어트를 위해 참든, 그대들의 자유다. 즐기라. 일찍이 공자님께서도 이렇게 말씀하셨나니.

'知之者不如好之者, 好之者不如樂之者 (아는 자는 좋아하는 자만 못하고 좋아하는 자는 즐기는 자만 못하다.')

20대, 독서 삼매를 꿈꾸며

배 연 관
법학부 학생

으레 주말이 되면, 몸담고 있는 야구 동아리에서 뛰며 승리를 다짐하고 선후배와의 끈끈한 우정을 주고받기에 한껏 들뜨는 나. 일주일간의 학교 수업, 리포트, 지하철에서 들고 있기에는 팔이 떨어져 나갈 만큼 무겁고 두꺼운 법률 서적과 씨름하다 번뇌에 사로잡힐 때는 야구 중계를 보며 잠시 머리를 식힌다. 나의 취미 생활이란 학문의 시름을 덜어주기에 기막힌 방법이라 자부한다. 또 한 가지, 내가 잠들기 전까지 손에서 놓지 않는 것이 있다.

바로 책이다. 이제부터는 독서왕이라는 새로운 이름에 걸맞게 책이 주는 지혜와 꾀에 대해 즐거이 이야기하고자 한다.

평균 한 달에 열다섯 권에서 서른 권 정도의 책을 읽는 나는 지난 학기 다독상 수상의 영광을 안았다. 어느새 두 번째 수상이다.

대학에 입학하고 나서 읽은 추리소설만 해도 300권이 넘는다. 추리소설을 읽을 때 나만의 숙달된 독서법이 있다. 탐정과 범인의 수사 방법, 범행방식을 내 나름의 분별력을 발휘해 찾고, 그 속에 녹아들어 있는 작가의 문학성을 파헤치는 일이다. 비단 추리소설에만 해당하는 것은 아니고 머릿속으로 문장이나 문단을 요약하며 읽게 되니 이해도 좀 더 빠르고 앞뒤 인과관계를 찾기에도 수월하며, 대화하는 상대방의 진심을 알 수 있기까지 하다.

그런데 독서의 세계란 참으로 오묘해서 누구든지 빠질 수는 있지만 쉽사리 빠지려 하지 않는다는 것이다. 간혹 "어떻게 하면 책을 좋아하게 되니?"라는 물음에는 우문현답(愚問賢答)이라고 말하고 싶다. 책을 싫어하는 사람은 없다. 단지 친하지 않을 뿐이다.

3시간의 러닝타임에도 끝날 줄 모르는 영화 「반지의 제왕」 시리즈나 「잉크하트」를 보고 또 보는 친구는 판타지를 좋아하기로 둘째가라면 서럽다. 그때 친구에게 건네주는 것이 바로 판타지소설. 평소 너무나도 좋아하던 생생한 영상과 스토리를 활자로 다시금 받아들여 훨씬 흥미롭게 읽을 수 있다.

독서의 생활화란 진정한 재미를 느끼는 데에서부터 시작한다는 이야기를 하고 싶다. 내가 관심 있는 장르가 무엇인지를 아는 것,

그리고 찾아 읽는 습관이야말로 책과 친해지는 비법이라고 생각한다. 그러다 보면 장르 불문, 이야기가 되는 것이면 뭐든 좋아하게 될 테니까.

우리 경희대학교에 언젠가(?) 멋들어지게 차려질 '장르문학 도서관'도 내가 꿈꾸는 점이다. 경영, 수필, 시, 소설을 막론하고 수북이 쌓여있는 문학의 방(房)에서 자신이 좋아하는 장르의 도서를 쉽게 접할 수 있다면 도서관을 찾는 학생들이 좀 더 많아지지 않을까?

마지막으로 우리 경희인들에게 추천하고 싶은 책이 있다.
자크 아탈리가 쓴 〈호모 노마드〉—문명의 역사를 '도시(都市)'에서 보지 않고 '유목과 이동'에서 본 책으로, 현 시대에서는 새로운 트렌드를 적극적으로 찾아나서는 유목민들의 삶이 더 가치 있다는 것을 이야기하고 있다. 취업난을 겪는 청춘(靑春)의 현재는 마치 강의 여울이나 다름없다. 이토록 변화무쌍한 세상에서 좁은 범위의 정착민보다는 숫제 유목민적인 인간을 원하고 있는 것이다. 나도 그 부분에서 느낀 점이 많다.

봄 향기가 감도는 계절, 책 읽기 좋은 도서관에서는 언제나 영채가 도는 눈으로 독서하는 경희인들의 모습을 기대해본다. 자신도 모르는 사이에 지식의 저장고에서부터 우러나오는 생각의 깊이를 보게 될 테니까.

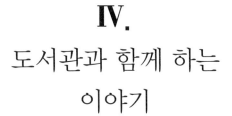

IV.
도서관과 함께 하는
이야기

사색의 공간 도서관, 추억을 펴보다…

늘 생각하는 시간을 가지라고 했던가.
잠시나마 나, 우리, 그리고 주변의 기억을 더듬어 주워 담다.
그래서 더 오래도록`마음에 남는 도서관에서의 이야기들…

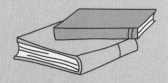

지식과 주체적 사유

김 수 중
철학과 교수

전달 매체의 발달에 따라 이제 정보와 지식은 기하급수적으로 증가하고 있다. 그래서 웬만한 리포트 자료 등은 인터넷 상에서 금방 찾을 수 있다. 정보의 홍수 속에 우리는 살고 있는 것이다.

그러나 "구슬이 서말이라도 꿰어야 보배"라고 한 것처럼, 지식과 정보가 아무리 많은들 무엇하랴. 그것을 잘 분별하고 정리할 수 있는 주체적 판단력이 없다면 그것들은 아무 소용이 없는 것이다. 이런 문제와 관련하여 일찍이 공자(孔子)는 이렇게 말하였다: "배우기만 하고 생각하지 않으면 얻음이 없고(學而不思則罔), 생각하기만 하고 배우지 않으면 위태롭다(思而不學則殆)"

간단한 말처럼 보이나 다산 정약용 선생은 이 명제를 극히 중요하게 여겼다. 다산에 의하면 한당(漢唐) 시대 학문은 위의 표현에서 지나치게 전자(前者)에 치중하였다. 정현의 「십삼경주소」가 대표하는 것처럼 이 시대에는 실증적인 주석학에만 치중한 나머지 주체적·철학적 사유가 결여되었다. 한편 송대(宋代)에는 사변적이고 관념적인 철학으로서 주자학이 유행하였는데, 다산에 의하면 그들은 위 명제의 후자에만 집중하고 전자를 소홀히 하는 오류를 범하였다. 결국 진정한 학문은 이 두가지를 함께 밀고 나가야(學思並進) 한다는 것이다.

근래에 드물지 않게 들을 수 있는 '신지식인' 이라는 말도 위의 명제에서 크게 벗어나는 게 아닐 것이다. 바람직한 지식은 우리의 생활 속에 '살아있는 지식' 이어야 한다. 그런데 이것이 결코 쉽지가 않다. 지식을 전달하는 언어는 항상 추상화하는 경향이 있으며, 또 저장된 지식은 언제나 구체적인 삶의 맥락과는 거리가 있게 마련인 것이다. 모택동이 주장한 "교과서주의에 반대함(反本本主義)"도 이런 계기에서 나온 것이다. 교과서는 필요하다. 그러나 그 것은 반드시 극복되어야 한다.

한편 학문에는 수많은 다양성이 성립하며, 같은 사물도 무수히 많은 시각에서 인식될 수 있다. 「죽은 시인의 사회」라는 영화에서 키팅이라는 선생은 학생들에게 교실의 탁자에 뛰어 올라 사물을 한번 보라고 권한다. 분명히 달리 보일 것이다. 마찬가지로 도서관에서 책을 보고 있는 사람들에게 나는 이렇게 권하고 싶다. 그대는 가끔 밖에나가 기지개를 펴고 저 높은 하늘을 바라보라. 우주는 끝없이 열려 있으며, 당신의 인생도 무한히 개방되어 있다. 교과서는 극복되기 위해서 존재하며, 당신은 주체적인 사유를 통하여 당신의 교과서를 구상(構想)하지 않으면 안된다.

불량 분필과 우리 사회

한 학 성
영어학부 교수

　수업 중 사용하는 분필은 너무 쉽게 부러진다. 아무리 조심스럽게 사용해도 갑자기 서너 조각으로 동강이 나버리기 때문에 짜증이 나기까지 한다. 이러다 보니 분필 한 자루로 몇 자 못 적는 경우까지 생긴다. 대체 이런 불량 분필들이 어떻게 해서 대학 강의실에 버젓이 들어와 있을 수 있는 것일까? 만드는 사람들도 문제지만 사는 사람들이 더 문제 아닐까?

　만일 값 때문에 이런 불량 분필들을 구입한다면 이는 말도 안 되는 처사이다. 여러 조각으로 동강난 분필은 아무 쓸모가 없다. 오히려 값이 2배 이상 비싸더라도 부러지지 않고 끝까지 쓸 수 있는 질 좋은 분필이 훨씬 더 경제적이다. 또한 쉽게 부러지는 분필은 쓰레기를 양산시키기 때문에 그만큼 환경에도 좋지 않다. 무엇보다도 강의에 열중하는 교수들의 주의를 흐트러 놓아 강의의 흐름을 끊어버리기 때문에 강의에 손실이 생긴다. 그만큼 학생들에게도 손해이다. 아무에게도 도움이 되지 않는 이런 분필들이 왜 강의실에서 추방되지 않는 것일까?

그런데 생각해 보면 우리나라의 문제라는 것이 대부분 이 분필과 닮은꼴이다. 성수대교나 삼풍백화점이 무너지는 일, 청소년 휴양 시설에서 화재가 일어나는 일 따위가 이 불량 분필들과 무엇이 다르랴? 자격 없는 사람들로 득실대는 조직들은 또 어떤가? 그런 의미에서 쉽게 부러지는 분필들은 겉은 그럴 듯하면서도 내부적으로는 취약하기 그지없는 우리 사회를 상징한다. 정치도, 경제도, 문화도, 교육도, 학문도 다 쉽게 부러지는 분필이나 다름없다.

그러기에 나는 분필이 부러질 때마다 나에게 묻는다. 나 자신은 이 분필과 얼마나 다른가? 나의 수업은 이 분필을 비난할 자격이 있을 만큼 충실했는가? 나에게서 배운 학생들은 사회에서 어떤 분필의 대접을 받고 있을까?

주변을 둘러보면서도 나는 다음과 같은 생각을 한다. 우리 사회의 지도자들은 어떤 분필과 닮았을까? 또 그 사람들은 어떤 분필을 골라 사용할까? 튼튼하여 제 역할을 다하는 분필보다는 툭툭 부러지는, 그래서 제 역할이 무엇인지조차 모르는 그런 분필들을 굳이 골라 사용하는 것은 아닐까? 그렇지 않다면 전혀 어울리지 않는 자리에 앉아 있는 수많은 사람들의 경우를 도대체 설명할 길이 없다.

그러나 부러지는 분필을 통해 우리 사회의 문제를 새삼 느끼는 경험은 이제 그만 하고 싶다. 그래서 다음 수업 때부터는 강의실에서 불량 분필들이 자취를 감췄으면 좋겠다. 물론 자리에 어울리지 않는 사람들의 모습까지 안 보이게 된다면 그것은 더욱 좋은 일이겠지만 말이다.

동물 중 가장 일찍 일어나는 새
-새처럼 부지런히 살자

윤 무 부

생물학과 명예교수

　척추 동물 중에서 가장 부지런한 동물은 아마도 조류일 것입니다. 그래서 옛날부터 우리 주변에는 새와 관련된 속담이 많았습니다. 서양 속담 중에 "아침에 일찍 일어나는 새가 먹이를 많이 찾아 먹는다"라는 말이 있습니다.

　정말이지 새와 함께 30년 이상을 살다보니 마을에서는 새벽닭 우는 소리를 들을 수 있고 산에서는 뻐꾸기를 비롯하여 지빠귀류…… 여러분들은 바닷가에서 어떤 새가 가장 먼저 우는지 아십니까? 들어보셨습니까? 바로 바다의 왕자새로 알려진, 히치코크의 '새'에 나오는 갈매기랍니다. 또 지난 여름 강원도 오대산 해발 1000m 이상인 북대암 부근 산 숲속에서 겨울동안 굴뚝 주변에 살아가는 굴뚝새가 귀가 찢어지게 우는 소리를 들었습니다.

　새들은 새벽 일찍부터 아침 8~9시 까지 울다가 그 이후 낮시간은 울지 않는 새가 많습니다. 즉, 우리 인간같이 새들도 우는 시간이 있고, 휴식시간이 있으며 또 먹고 자고, 경계하는 시간이 있는것입니다. 새들의 이런 것들을 보면 참 신기하다는 생각이 듭니다. 우리 인간같이 머리가 좋은 것도 아니고 그렇다고 속셈학원, 피아노학원, 글짓기학원, 외국어학원도 다니지 않았는데......

나는 섬마을 바닷가인 거제도 장승포 작은 갯촌에서 태어난 촌놈인데. 어릴 때부터 아버지가 새벽 일찍 일어나시면 곧 뒤따라 벌떡 일어나곤 했습니다. 요즘 같으면 새벽 4~5시 정도가 된 것 같습니다. 아버지는 논밭에 줄 똥장군 아니면 소를 몰고, 나는 집안 가축중에서 가장 일찍 일어나서 우는 얌생이(염소)를 몰고 따라 나섰습니다. 그런 습관 때문에 나는 남들이 잠자는 사이에 아침 일찍 우는 온갖 잡새들의 아름다운 새소리를 들을 수 있었고, 그때 듣곤했던 꿩과 때까치, 섬휘파랑새, 직박구리, 동박새, 팔색조 등의 울음소리는 너무나 맑고 아름다워 50이 훨씬 넘는 지금도 그 소리가 귓가에 들리곤 합니다.

아침 일찍 일어나곤 했던 나의 습관 탓에 늦잠꾸러기 외사촌형인 명규형은 나를 '얌생이'라고 불렀습니다. 지금도 어린 그때의 생활습관이 몸에 배어 새벽 일찍 눈을 뜨곤 합니다. 그렇게 일찍 일어나 하루의 스케줄을 세우고, 산과 들에 가서 노래하는 새소리를 녹음하고, 또 새들의 활동 행동을 연구하다 보니 누구보다 새와 함께 하는 시간이 많아지게 되어 자연히 새를 연구하는 전문가가 되지 않을 수 없었습니다.

결국 부지런한 동물인 새와 부지런한 성격의 윤무부 교수가 만나서 찰떡 궁합을 맞춘 셈입니다. 젊은 신세대들인 여러분들은 나의 이야기가 들리지 않을지도 모르지만 아침에 일찍 일어나서 하루의 계획을 세우고 남들보다 30분 일찍 직장에 출근해서 책상정리, 청소 한번 더 해보세요. 아침 일찍 일어나는 새가 틀림없이 먹이를 많이 잡아먹을 것입니다.

옥상의 작은 열람실

서 성 한
경영학부 명예교수

    교시탑을 지나 본관쪽으로 들어서면 웅장한 현대식 도서관을 만
난다. 그때마다 생각나는 것이 있다. 50년대 말 지금의 생활과학대
학의 윗자리에 1969년에 철거된 40평 남짓한 단층의 석조건물 도
서관과 완공되지 않은 본관 옥상에 임시로 만든 두 개의 작은 방이
동쪽과 서쪽에 각각 자리하고 있었다. 그것이 우리대학의 유일한
열람실이자 도서관이었다. 한 칸의 방에 50명 정도 앉아서 책을 볼
수 있는 작은 방이었다. 새벽 6시에 입실하기 위하여 옥상에는 새
벽부터 학생들이 줄 서 있었고, 시험때면 공부할 자리를 차지하기
위하여 학생들로 초만원이었다. 강의 시간이 되면 계속 자리를 차
지하기 위하여 낡은 고시계나 잃어버려도 좋은 헌 책을 자리에 놓
고 가곤했다. 그곳에서 말더스의 인구론, 아담스미스의 국부론,
Dale Yoder의 Industrial Relations 등 경영학이나 경제학 서적을 동

대문의 헌 책방에서 싸게 사온 책들을 밤늦게까지 읽었다. 너무 많이 프린트를 해서 알아볼 수가 없는 3~4쪽의 교재를 해독하기 위하여 혼자 애쓰던 그때의 생각이 아름답게 떠오른다.

본관 4층 서쪽 제일 끝 쪽에는 다행히도 작은 강의실만한 특수 열람실이 있었다. 그 곳에는 4~5백 권의 참고도서가 준비되어 있을 뿐만 아니라 영문학을 하시는 진용우교수님과 3~4명의 대학원생이 공부를 하고 있어서 구운 오징어 두 마리를 사가지고 가서 의문점을 해결하기도 하였다. 김효원 도서 주임선생님께 사정하여 2일간의 1~2권 책을 빌려 자취하는 집으로 가져갔으나 다 읽지 못하고 반납할 때의 그 아쉬운 심정은 말로 다 표현할 수가 없었다. 책을 반납하면 한 달을 기다려야 그 책을 다시 빌려 볼 수 있기 때문이었다.

도서관이라 할 수 없는 작은 공부방과 같은 열람실이지만 그곳에서 가난과 배고픔을 잊고 학문에 대한 열정과 꿈이 있는 학생임을 스스로 확인할 수 있었다. 그 작은 방은 미래의 꿈을 키웠던 곳이라 거의 반세기가 지난 지금도 잊을 수가 없다.

수위아저씨가 도서열람 마감 시간이 되었다고 퇴실할 것을 요구하면 조용히 책가방을 정리하고 별빛이 반짝이는 캠퍼스를 걸어올 때의 흐뭇한 기분은 말로 다 표현할 수 없었다. 하루를 보람차게 보냈다는 소박한 성취욕은 지금 생각해도 대단하였다.

지금은 정년을 몇 년 앞둔 교수로서 첫 강의시간이나 신입생들에게 당부하는 말이 있다. 그것은 4년의 대학생활을 성공적으로 이끄는 일은 두 가지 성취욕구를 구슬 꿰듯이 엮어가는 것이란 말이다.

하나는 고전이나 원서교재를 마지막 페이지까지 다 읽고 책을 덮었을 때의 기쁨을 만끽하는 것이고, 둘째는 도서관에서 밤늦게까지 공부하고 캠퍼스를 걸어나올 때의 비할 데 없는 그 기분을 계속 맛보는 것이다.

인터넷을 통하여 원하는 책이나 학술지를 구할 수 있고, 수 백장의 자료를 복사할 수 있는 오늘날의 도서관 보다 많은 사색의 장을 마련해 주던 그때의 옥상의 작은 열람실을 잊을 수가 없다.

오월과 함께하는 꿈~!

최 윤 희
중앙도서관 사서

-모네 Claude Monet(1840~1926)

에프트 강변의 포플라

눈을 들어 하늘을 우러러보고 먼 산을 바라보라.
어린애의 웃음같이 깨끗하고 명랑한 오월의 하늘,
나날이 푸르러 가는 이산 저산, 나날이 새로운
경이를 가져오는 이 언덕 저 언덕, 그리고 하늘을
달리고 녹음을 스쳐오는 맑고 향기로운 바람-
우리가 비록 빈한하여 가진 것이 없다 할지라도
하늘을 달리어 녹음을 스쳐오는 바람은 다음 순간에
라도 곧 모든 것을 가져 올 듯하지 아니한가?

- 이 양 하, 수필《신 록 예 찬》중에서 -

계절의 여왕인 5월이 벌써 우리 곁에 성큼 다가왔습니다.

중·고등학교 시절, 국어 교과서에서 어김없이 만날 수 있었던 이양하님의 〈신록예찬〉의 구절처럼 나날이 새로운 경이를 가져오는 교정의 아름다운 풍경이 아침, 저녁 우리의 눈길을 사로잡고 있습니다.

여린 잎으로 물든 교정의 나무들처럼, 그 연두빛 같은 아름다운 꿈을 여러분도 가지고 계십니까?

꿈꾸는 자는 행복합니다. 불행한 것은 꿈을 꾸지 않는 사람입니다. 실패가 두려워서 아무것도 하지 않고 있다면 그 사람은 어떤 결과도 얻을 수 없습니다. 잊혀졌거나, 일상생활에 밀려, 뒷전으로 미루어 놓은 계획과 꿈이 있다면 지금 당장 시작해보세요! 그 꿈이 성공하지 못한다하더라도 꿈을 꾸고 실천하는 과정에서 얻어지는 무언가가 여러분을 더욱 빛나게 할 것 입니다~!

다음의 다른 꿈을 꿀 수 있고, 또 성공할 수 있게 하는 저력을 비축하게 될 것입니다~!

새학기에 꾸었던 꿈을 다시 한번 실천해 보기에도 안성맞춤인 오월입니다.

현재 내가 가진 것이 아무것도 없다고 느낄지라도, 하늘을 달리어 녹음을 스쳐오는 오월의 바람이 다음 순간에라도 곧 모든 것을 가져 올 듯하지 아니한가요?

해외 우수대학 벤치마킹을 마치고

박 상 익
중앙도서관 사서

1.

기회는 우연히 찾아왔다. 매일 반복되는 일상의 업무속에서 흔치 않은 기회였다. 그러나 처음 들리던 가벼운 연수가 될 것이라는 전언은 얼마 되지 않아 해외우수대학 벤치마킹의 경희대학 대표자란 사실에 모두를 약간 긴장하게 만들었다. 그만큼 많은 준비가 필요했다. 대학담당자와의 면담내용과 개별주제 보고자료의 철저한 조사 등.

총 3개 대학을 방문히였다. 와세다대학, 일본대학, 타쿠쇼쿠대학. 모두들 일본 내에서 탄탄한 입지를 자랑하는 학교들이다. 방문 대학의 빡빡한 학사일정에도 불구하고 많은 분들이 나와 주셨다. 와세다대학은 부총장님, 일본대학은 상임이사님이 직접 내왕을 하서서 연수팀을 격려해 주셨고 특히, 타쿠쇼쿠대학은 양일간에 걸쳐 캠퍼스를 보여주면서 모든 일정에 협조해 주셨다.

역시나 많이 보고, 많이 다녀야 한다는 말이 맞는 듯하다. 하나하나 버릴게 없는 귀중한 시간이었다. 일본대학 본관로비에 설치된 미래의 대학모습을 세워놓은 조형물은 또 다른 감흥을 일으키기에 충분했다. 그만큼 그들은 미래의 모습을 위한 준비작업을 하나하나 밟아나가고 있었던 것이다.

2.
주제분야가 도서관부문이라 그런지 도서관에 대해 집중적으로 살펴보았다. 역시나 일본대학의 도서관은 그 규모나 시설 면에서 모든 걸 압도했다. 와세다 대학도서관의 웅장함과 기품 그리고 깊이 있는 역사의 숨결, 일본대학 문리학부 도서관의 정교함과 세밀함, 타쿠쇼쿠대학 도서관의 작지만 깊이 있는 서비스 등은 연수단 모두를 감탄시키기에 충분했다. 방문 기간동안 일본대학도서관에서 느낀 몇가지 공통점이 있다면,

첫째, 이용자중심의 서비스다. 모든 도서관이 그랬다. 전면에 배치된 참고봉사 사서의 세심한 서비스는 그곳 이용자들의 모든 불편사항을 녹아내리게 만들었다. 출입구에 전면 배치된 나이 지긋하신 참고사서의 모습은 그 자체로도 멋있었다. 아름다웠다. 이것이 진정 도서관 서비스의 출발점이란 걸 첫눈에 알 수 있었다. 그들

모두는 간단한 도서관 이용안내에서부터 연구논문 주제자료의 정리와 검색, 이용방법 등을 하나하나 이용자에게 서비스하고 있었다.아무래도 이용자들과의 직접 접촉이 적은 우리 대학도서관의 모습이 제일 먼저 스쳤다.

둘째, 말 그대로 최고의 시설이다. 두말할 필요 없다. 건립된 지 10여년이 되어가는 도서관임에도 불구하고 국내에 지어진 최신의 도서관과 비교해도 손색이 없었다. 어찌 그리 시설관리가 철저한 것일까. 3개 대학 모두가 도서관의 소음에 민감했다. 그래서인지 바닥은 모두 카펫으로 마감처리를 해 본교의 원형열람실에 붙여진 소음방지와 구두 발자국소리를 줄여달라는 표어가 무색하게만 느껴졌다.

모든 도서관이 시설투자에 적극적이었다. 국제회의장소로도 손색이 없는 와세다 대학의 회의실하며, 일본대학 인문학부 도서관 회의실은 모두가 부러워했다. 특히나 조명에 취약한 본교 도서관과는 달리 모든 도서관이 밝았다. 환했다. 책 한권 들고 어느 장소를 가더라도 조명없이도 책을 볼 수 있도록 완벽하게 설계를 해 놓았다. 특히 일본대학의 인문학부 도서관의 경우 천장에 설치된 이동식 차양장치는 도서관 조명장치의 진수를 보여주기에 충분했다.

셋째, 완벽한 서고공간이다. 매년 쌓이는 책 더미에 허우적대는 본교 도서관을 비교하자니 맘이 싸했다. 보존서고의 완벽성은 철저

했다. 특히 일본대학 문리학부도서관의 서고공간에 대한 배려는 모두를 놀라게 했다. 미래를 내다보고 한 설계, 예를 들면 보존서고의 천장이 가설장치라 했다. 언제라도 장서가 늘어나면 그 천장공간을 철거하고 또 한 층을 지을 수 있게끔 해 놓았다는 것이다. 바닥 또한 그랬다. 이동식 서가장치를 미리 설치해 놓고 언제든지 서가가 들어올 수 있게끔 레일을 깔았다. 이밖에 타쿠쇼쿠 대학의 소장공간도 인상적이었다. 부족한 장서가 확충되는 10년을 내다보고 모든 장비를 완벽하게 이동식 레일서가로 설치해 놓았던 것이다.

넷째, 성숙한 도서관 이용형태. 그랬다. 그들 대학의 모든 이용자들이 도서관을 사랑하는 듯했다. 도서관을 자기 집처럼 편안한 공간으로 여기는 듯했다. 자기가 보고난 책을 여기저기 아무렇게나 던지고, 자기만의 별도 서고공간을 만들어 즐겨보는 책을 한쪽 귀퉁이로 몰아넣는 우리학생들과는 대조적으로 그곳의 모든 책들은 모두가 쉽게 찾을 수 있도록 가지런하게 오와 열이 완벽하게 맞추어져 있었다. 혹시나 아예 안 봐서 그런가 했지만 역시나 부질없는 자기착각이었다. 모든 책은 주제별로 구분되어진 분류기호와 서가와 도서의 연결표시에 맞추어 이용자들은 다음 이용자들이 열람할 수 있도록 모두 정위치에 꽂아 놓고 있었다. 철저한 타인을 위한 배려였다.

이밖에 모든 실별에 설치된 검색공간과 최첨단 장비 그리고 교원 및 대학원생들을 위한 별도의 공간시설은 그대로 오려오고 싶은 대표적인 서비스였다.

3.

길게만 느껴졌던 시간들은 어느새 벌써 저만치가 되었다. 때론 나를 떠나 나를 바라봐야 한다는 말이 사실인 듯 하다. 짧은 기간이 었지만 결코 짧지 않은 시간동안, 본 연수단을 맞이하여 물심양면 으로 도와주신 일본의 관계자 분들에게 이 자리를 빌어 감사의 뜻 을 전한다. 앞으로 대학 및 도서관행정에 미약하나마 도움이 될 수 있도록 이번 연수에서 느끼고 배운 점들을 적극 활용해서 대학발 전에 미력하나마 보탬이 되도록 하겠다. 끝으로 일정기간 내내 통 역과 일본에서의 생활이 불편함이 없도록 물심양면 도와주었던 국 제교류처의 고범수 선생에게 감사의 말을 전한다.

아! 참. 마지막으로 일본대학 문리학부도서관 견학을 마치고 나 오면서 서종민 계장이 남긴 말 한마디를 끝으로 소감문으로 마칠 까 한다.

"이렇게 완벽한 시스템과 시설을 갖추고 있는데... 여기 학생들 은 공부만 하면 되겠어"

여기는 음악자료실

김 시 원
중앙도서관 사서

여기는 음악자료실.

유독 추웠던 2월, 사실 낯선 곳이란 사실 때문에 더 떨었는지도 모르겠다. 이제, 제법 더워진 6월, 자료실 안팎의 풍경들은 많이 익숙해졌다.

주위 사람들이 왜 사서란 일을 하냐고 묻는다. 이 질문엔 도서관 일은 조금 무료하고 여느 일에 비해 생산성이 떨어지는 일 같단(쉬워 보인단) 의미가 있는 것 같다. 책을 사서 정리하고 대출해주면 전부일 것 같은데 무슨 전문직이 필요할까 하는 말인 것 같기도 하다. 일에 대한 목표나 기대가 약해질 때면, 이 말이 문자 그대로는 맞지만 그것의 실제를 알지 못하는 데서 사실 매우 틀린 생각임을 보여주고 싶었고, 그것 때문이라도 도서관의 일을 쉽게 포기할 수 없을 것 같단 생각을 한다.

무슨 일이든 그렇겠지만, 도서관은 사서 입장에서는 운영하기에 따라서, 이용자 입장에서는 이용하기에 따라서 크게 달라질 수 있는 곳이다.

음악자료실을 이용하는 학생들을 보면서 처음 느낀 것은 도서관에 대해 좀 어려워한다는 것이었다. 전부가 그런 것은 아니었지만, 수업과 연습 때 매일 사용하는 악보와 음반들이 있는데도 환경적인 차이 때문인지 뭔가 더 접근하기 어려워하는 느낌을 받았다. 참고질의란 문구가 있는 데스크에 질문을 하기까지도 많이 망설여하는 모습도 있었다. (78*란 숫자는 뭐고 그 뒤에 붙은 알파벳과 숫자들은 뭘까, 데스크에 앉아있는 직원들에게 물어보면 뭔가를 알고 있을까)

낯선 것에 대한 두려움인지, 음악 전공자가 아닌 사서보다 분명 더 전공지식이 많을 텐데 원하는 자료를 찾는데 있어 어려움을 느끼거나 적극적이지 못한 모습들을 보았다. 자료를 찾는 과정에 대한 설명을 듣고 나면 의외로 쉬워하는 것을 보면서 음대 학생들을 위한 이용교육이 꼭 필요함을 느꼈고, 학업에 필요한 자료들을 반드시 구비해놓고 보다 적극적인 서비스를 해야겠다는 생각을 했다.

도서관은 서점과는 어떻게 다를까. 이 질문엔 사서뿐만 아니라 도서관 이용자라도 스스럼없이 답할 수 있어야 한다고 생각한다. 대형서점이나 음반가게들을 가보면 훨씬 분류도 알아보기 쉽게 되어있고 서비스도 친절하다. 근본적으로 출발점도 목적도 다른 곳이지만 도서관이 서점의 이용자에 대한 편리한 접근성을 제공하는 점을 배우고, 학문적이고 전문적인 면에서는 분명 능가함을 보여줄 때 이용자는 그 차이를 깨달을 수 있을 것이다.

요즘의 도서관은 분명 과거와는 많이 달라졌고 특히, 접근성이나 이용자서비스 면에서 그렇다고 느낀다. 그럼에도 불구하고 이런 달라진 서비스를 학생들이 의외로 잘 모르는 것 같다. 잘 알려지지 않은 것은 도서관의 부족함이고 실제로 부딪혀보지 않고 도서관이나 사서에 대해 편견을 갖는 이용자의 태도도 조금씩 바뀌어 갔으면 좋겠단 생각을 한다. 이 문제들은 분명 사서와 이용자 모두의 노력이 필요할거다.

중앙도서관 학생들과 비교해본다면 음대 학생들은 이들에 비해 도서관 이용에 소극적인 것 같다고 느낀다. 실기 위주의 학습을 하기 때문이란 생각도 든다. 음악대학이라는 특성상 도서의 대출, 반납도 중요하지만, 사실 곡을 많이 연습하고, 듣고, 만드는 일이 주인 학생들에게 음악자료실이 더 효율적인 곳이 되면 좋겠단 생각이 있다.

얼마 전 외국의 음악대학 도서관들에 대한 정보를 찾아보면서 참 놀랍다는 생각을 했다. 최근 미국도서관의 새로운 경향이라는 인포메이션 코먼스(Information Commons, 학생들이 공부하는 데 필요로 하는 다양한 교육 재원을 한자리에 모은다는 의미)를 반영한 듯, 엄청난 양의 악보와 CD와 LP들이 한 곳에 꽂혀있는 서가, 오디오장비가 제대로 구비된 개인 열람석에서 음반들을 쌓아놓고 들으며 공부하는 학생들, 스튜디오에서 장비를 이용해 작곡을 하는 학생들, 공동 연구실 같은 곳에서 자료들을 펼쳐놓고 함께 과제를 준비하는 모습들도 볼 수 있었다. 이 모든 것이 음악도서관 한 곳에서 가능했다.

전임 선생님께서 작아도 매우 효율적이고 꼼꼼하게 만들어 놓으신 경희대 음악자료실이 참 좋고 자랑스럽게 느껴진다. 조금씩 그리고 꾸준히 좋은 자료들과 서비스로, 또 훌륭한 시설들로 성장하는 자료실을 만들어가고 싶다. 도서관은 정체된 곳이 아니라 움직이고 성장 발전하는 곳임을 보여주고 싶다.

바라는 것은 아직 부족한 여건이지만 음대 학생들이 음악자료실을 마음껏 이용해서 열심히 음악을 공부했으면 좋겠다. 24시간 풀가동중인 외국대학 도서관의 사진을 부러워하며 미니홈피에 올리는 것에 그치지 않고, 실제 그런 열의로 자신의 전공을 학습하고 탐구하는 모습을 보고 싶다. 때론 조금 예의 없게 느껴질 정도로 당당하게 자료와 서비스를 요구했으면 좋겠다. 분명 이와 같은 태도들이 이용자가 주인인 도서관의 발전에 가장 근본적인 동력이 될 것이다.

그 대학 학생들의 지식수준을 알려거든 가장 먼저 도서관에 가보라는 말이 있다. 어쩌면 도서관보다 더 나은 이용자를 기대한다는 건 어려운 일일지도 모르겠다. 스스로 여건을 탓하기 전에 우리 대학 학생들의 수준을 지식의 보고인 도서관이 가장 먼저 이끌어 갈 수 있기를 기대하며 오늘도 이 곳 음악자료실에서 최선을 다하고 싶다.

지식의 장정

심 범 상
한의학과 교수

　얼마 전 한의과대학에서 예과생 대상의 독서프로그램을 기획하고 추천도서 100권 선포식을 가진 바 있다. 이 행사는 제법 많은 언론에서도 주목을 받았는데, 대체로 '유급'이라는 강제성에 놀라움을 표시한다는 점에서 한의대 안팎의 온도차이가 느껴진다. 한의대 추천도서 100권은 크게 동양고전, 서양고전, 인문과학, 사회과학, 자연과학의 5분야 도서들로 구성되어 있는데, 아마도 동서양 고전들(논어, 대학, 순수이성비판 등)을 포함하여 이 중 20권을 읽고 독후감을 써야 진급할 수 있다는 점이 매우 과감한 시도로 비쳐지는 듯 하다. 고전이란 것이 누구나 내용을 알고 있는 듯 하면서도 막상 가까이 하기엔 너무 멀게 느껴지기 때문일 것이다.

　그러나 사실 한의대생에겐 최소한 동양의 고전들이 그렇게 먼

것은 아니다. 한의대생은 예과 1학년 과정에서 맹자(孟子)를 정규
교과목으로 배운다. 이는 한문으로 되어 있는 한의학 고서들을 읽
어내기 위해 한문독해력이 필요하기 때문인데, 다른 전공의 학생
들이 외국어 원서를 읽기 위해 영어를 비롯한 외국어 공부를 하는
것과 같은 이유이다. 이렇게 엉뚱한 이유에서라도 맹자를 읽고 외
우다보면(담당교수님이 오랄시험을 보았었는데 집에서 가끔 이몽
룡이 책을 읽듯 맹자견 양혜왕하신대~ 하면서 운율을 주어 읊어대
면 가족들이 듣고는 뒤집어지기도 했다) 아주 자연스럽게 동양철
학에 대한 관심이 일어나면서 논어나 대학, 노자와 장자 등으로 독
서 범위가 넓어지기 마련이다. 나 역시 학창시절 본과 1, 2학년 무
렵까지 이런 식의 독서를 하였었다. 왕필주(王弼注) 노자와 감산주
(憨山注) 노자, 장자의 기억이 새삼스럽다. 다만 이런 고전들을 소
설책 보듯 혼자서 읽어댈 수는 없는 노릇이라 선후배 혹은 친구들
과 동아리를 구성해야하고, 지도해 줄 선생님도 필요하다. 당시 책
을 같이 읽어주고 설명도 해주시던 선생님은 고려대의 한문학과
혹은 철학과 박사과정 선생님들이었는데, '이런 책 보면서 예습도
안해오는 놈들은 처음 본다' 고 혼나던 것과 그래도 꿋꿋이 예습 하
지 않았던 나와 우리 친구들... 그 얼굴들이 그립다.

　　당시 함께 책을 읽고 생각을 나눌 수 있도록 동아리(기인독회)
를 조직하고 지도해주신 교수님께서 우리에게 틈나면 되풀이 해주
시던 이야기가 '모택동이 중국을 장악할 수 있었던 것은 대장정(大
長征)이 있었기 때문이다. 너희가 10년, 20년 후에 한의학을 이끌

어가려면 모택동의 대장정 같은 과정이 반드시 필요하고, 그것이 바로 오늘 이렇게 골방에서 읽어제치는 노자, 장자, 황제내경, 난경 등의 지식의 장정이다' 라는 말씀이었다. 과연 지식의 장정을 통해 기초체력이 튼튼해진 탓인지 기인독회 친구들 중 10여 명은 교수가 되었고, 다른 이들도 다양한 분야에서 핵심적인 인재들로 활약하고 있다. 이 지도교수님이 바로 한의대 추천도서 100권과 독서프로그램을 기획한 최승훈 학장님이다.

아무튼 한의대의 독서 프로그램은 언론에서 주목하듯 유급에 방점이 있는 것은 아니다. 지도교수였던 최승훈학장님이나 학생이 었던 나의 경험으로는 이 프로그램의 핵심은 교수와 학생이 강의실 외의 공간에서 면대면(面對面)으로 만나 생각을 나누고 나아가 감정과 기운을 교감(交感)하는 데 있다. 대학교육에서 지식의 전달이라는 면만 강조된다면 과연 대학과 학원의 차이를 어디서 구할 것인가? 대학교육의 질적 수준을 보장하기 위한 여러 제도적 방편(공학교육인증같은 학문분야별 인증제도, PBL 등의 교육방법 등 등)들이 고안, 검토되고 있으나 필자의 생각으로 이런 다양한 제도적, 형식적 규정의 내밀한 목표는 바로 face to face를 위한 여러 교수님들의 헌신이 아닐까 한다.

우리 도서관이 주는 즐거움 :
너는 가고, 너는 없지만...

김 은 영
경영대학원 학생

난 너로 인해 처음 정호승 시인을 알게 되었어. 6년 전, 하루 24시간이 모자라다고 느낄 만큼 너를 좋아하던 나는 급기야 네가 없는 너의 집에 찾아갔어. 어색했던 너의 어머니와의 첫 만남이 그렇게 이루어지고, 너의 학교 후배라는 말 한마디에 봄기운에 얼음 녹듯 나를 향해 환히 웃어주셨던 네 어머니의 미소. 나를 주인 없는 너의 방으로 안내하고는 따뜻한 차 한 잔을 준비해주신 것이 새삼 생생하게 기억나.

그리고는 천천히 주위를 둘러보고 있는데 방 한편에서 언제나처럼 너를 지키고 있었을 늠름한 갈색 책장에서 책 한권을 뽑아들어 나에게 권하시고는 편하게 놀다가라고 하셨었지. 내 손엔 얇디얇은 시집한권이 붙들려 있었고, 평소에 서점에 가서도 작은 마음조차 쓰지 않던 분야의 책이기에 이걸 어떻게 읽어야하나 하는 우스운 걱정이 앞서더라. 겨우 차 한 모금으로 마음을 진정시키고는 대충 한번 훑어볼 요량으로 시집을 마주하게 되었어. 그렇게 난 너로 인해 처음 정호승 시인을 알게 되었어. 아니 더 정확하게 말하면 너의 어머니로 인해 정호승 시인을 알게 된 걸 수도 있겠구나.

난 참 예의도 없지. 그 시집의 저자가 고민하고 또 고민하고 썼을 그 세심한 단어들을 잠 못 이루는 밤 귀찮은 듯 이불 속에서 기어 나와 맹물 마시듯 성의 없게 읽어 내려갔어. 그런 내 태도에 그 시집의 저자가 혼을 내기라도 하듯 내 마음에 콱 박혀 잊혀지지 않는 시 한편을 만났어.

『 미안하다 』

_ 정호승

길이 끝나는 곳에 산이 있다.
산이 끝나는 곳에 길이 있다.
다시 길이 끝나는 곳에 산이 있었다.
산이 끝나는 곳에 네가 있었다.
무릎과 무릎사이에 얼굴을 묻고 울고 있었다.
.
.
.
미안하다.
너를 사랑해서 미안하다.

그렇게 정호승 시인의 '미안하다'라는 시를 좋아하게 되었지. 그리고는 한 해 두해, 시간이 흐르고 흐르는 동안 내 마음을 울린 너와 그 시 한편을 내 젊은 날의 추억 저편으로 억지로 밀어 넣고는 한참이나 잊고 지냈어.

그러던 어느 날, 내 추억의 시계는 망가져 현재의 나를 그때의 나로 가져다 놓았고, 흐리멍텅한 기억 속에 '정.호.승'이라는 이름을 겨우 기억해 낸 거야. 정호승… 정호승……. 너의 소식이 궁금한 만큼, 또 애써 너를 지워내려는 내 의지를 꺾어버리기라도 하듯 꼭 그만큼 똑똑히 되살아나는 너의 이름 때문에 마음이 쓰라렸지. 생각나면 생각날수록 처절했던 내 지난 사랑의 가시에 스스로 찔려 너의 이름 위에 정. 호. 승이라는 이름의 무게로 가슴 속 밑바닥까지 밀어내려고 했어.

너의 소식을 들을 수도 물을 곳도 없으니 너의 이름과 동시에 생각난 정호승이라는 이름에 관심을 갖으려 애를 썼고, 그것을 해결해 준 나의 친구는 바로 도서관이었지. 재빨리 인터넷의 전원을 켜고, 도서관 웹사이트를 열어 정호승 이름 석 자를 검색창에 적어놓고는 힘없이 누른 Enter 키. 내 머릿속이 제대로 작동되지 않는 것에 비해 그와는 반대로 너무도 신속하고, 거침없이 쏟아져 나오는 그의 시집들. 진작 읽었어야 했는데 왜 아직 읽어내지 못했냐며 내 스스로를 책망하듯 정호승의 작품 모두를 읽어내는 것이 앞으로 내가 해야 할 숙제라는 생각이 너무도 확고하게 들었어. 그래서 검색결과 맨 뒤페이지, 맨 뒤에 있는 시집. 정호승 시인이 가장 먼저 발간한 첫 시집이 가장 먼저 읽고 싶어졌어. 정호승이라는 이름으로 처음 발간된 시집 제목은 몇 번 들어본 적 있던 '슬픔이 기쁨에게(1979)' 라는 시집이었어. 읽어보고 싶은 마음에 서지정보를 확인하니 화면에 적혀있는 네 글자.. '보존서고' ... 당황한 내가 보존서고가 뭔지 확인하느라 단지 몇 분 동안만큼은 너를 의식하지 못한 채 시간을 흘려보내고는 '보존서고 신청' 이라는 것을 해두었지.

내가 너를 알게 된 이후부터 시간을 모두 합쳐도 몇 곱절은 더 되고도 남을 시간을 도서관 한쪽에서 잠자고 있던 그를 만나기 위해서는 성스러운 기다림이 필요했어. 그 일련의 절차가 귀찮을 수도 있었겠지만 내 나이보다 더 오래된 책이라, 서가에는 함부로 꽂혀 있지 못하고 자신을 읽을 때는 한 장 한 장 반드시 전심(全心)을 다해야 한다고 나에게 말해주는 것 같았어. 그를 만날 수 있게 되면 연락을 준다기에 기다리는 동안 이런 저런 생각을 하게 되었지.

조교 일을 하고 있는 나에게 도서관은 심부름을 하러 갈 때마다 지나게 되는 길목에 놓인 아주 고풍스러운 건물에 지나지 않았어. 생각해보면 그리 바쁘지도 않았으면서 도서관에 놓여있는 의자에는 단 한 번도 엉덩이를 대는 호사를 부려본 적이 없었어. 나에게 있어 도서관은 개인적인 과제물을 해결하기 위한 자료들이 놓여있는 곳이며 그것들을 잠시 빌려 쓰는 장소일 뿐이었지. 그를 만나러 가게 될 도서관은 그동안 나에게 어떤 의미를 가진 장소였나 생각하고 있는데 그를 만날 수 있으니 도서관으로 오라는 긴급한 연락을 받고 나갈 채비를 서둘렀다.

4월의 어느 날, 난 설레는 마음 가득 안고 가벼운 발걸음으로 도서관으로 향했어. 나를 기다리고 있을, 또 나만을 위한 이야기를 준비해 두었을 거라는 기대에 발걸음이 무척이나 가벼운 듯해. 내 가벼운 발걸음이 땅을 내딛고 오를수록 내 양 볼을 스쳐 지나가는 봄바람이 어찌나 따스하던지 아마 넌 모를 거야. 걸으면서 습관적으로 땅을 쳐다보는 나의 습관도 그날따라 예외였어. 노천극장을 지나 중앙도서관으로 내려가는 길목에 섰을 때 내 마음이 웃고 있다는 걸 느낄 수 있었어. 길 한쪽 곁에 비켜서서 한참이나 바라보았어. 발그레한 미소 띤 벚꽃 잎이 내 코앞으로 떨어지는 풍경이 어찌나 아름답던지, 그를 만나러 간다는 설렘을 잊은 채 내 얼굴은 물론 내 마음까지 진심(眞心)으로 환하게 웃고 있다는 걸 느낄 수 있었어.

한참의 뜸을 들여 마침내 그를 내 손에 데리고 올 수 있었어. 그래서 마주하게 되었어. 24살의 청년 정호승을……. 표지를 열자 나보다 더 오랜 시간을 지나온 그의 시간 앞에 숙연해지더라. 그리고는 알게 되었어. 내가 빌린 바로 그 시집이 잠시나마 그의 소유였으며, 1979. 4. 20의 날짜에 적은 정호승시인의 친필사인과 함께 박정만형님'께 선물로 드린 시집이었다는 것을 말이야.

또한 1970년대에 경희대학교 국문과의 문예장학생으로 입학하여 돈이 없어 가난했던 동기들과 함께 캠퍼스 빈 강의실을 내 집 삼아 잠을 청하던 무숙자(無宿者)의 생활을 했었다는 것과 휘경동 이문시장의 싸구려 백반으로 허기를 채워가며, 또 때로는 굶어가며 시를 쓰는 일이 허다했다던 청년 정호승을 그렇게 나는 알게 되었어.

너는 가고, 너는 이제 없지만,

우연히라도 널 마주하게 된다면 내 마음이 어떻게 될지 모르지만, 그를 마주하며 하나하나 읽어가면서 내 마음이 어찌나 뛰어 대던지 아마 넌 상상조차 할 수 없을 거야. 정말 간절히도 바랐었던 단 한번이라도 길에서 우연히, 널 마주하는 상상보다, 네 생각을 시작으로 정호승이라는 이름을 기억해 낸 것이 나에게는 더 특별한 기분이야.

너는 가고, 너는 이제 없지만,

희미해져가도록 기억 저편으로 밀어 넣고, 애써 흐릿하게 퇴색시켜버린 나의 지난 추억들에 대한 무례함에 마음깊이 사과 건네듯 그렇게 조심스럽게 시집을 읽어나갔어.

이제… 나…….

너를 비워낸 마음의 빈자리에, 정호승 시인의 수많은 시들로 가득가득 채우려 해. 정호승 시인의 작품이 내 마음을 뛰게 한다는 걸 느끼게 되어 더욱 특별한 기분이야.

너는 가고, 너는 이제 없지만 말이야.

도서관은 외롭다

김 진 해
교양학부 교수

도서관은 외롭다. 수많은 책을 품은 도서관은 오직 한 권의 책만 허락한다. 아무리 여러 권의 책을 쌓아 놓아도 소용없다, 조급해질 뿐. 책을 읽는 순간은 오직 하나, 오직 한 사람의 이야기만 들을 수 있다. 그래서 책읽기는 현재에만 집중하는 수행(修行)과 통한다. 건조하고 싸늘한 활자들이 던지는 화두와의 대면. 그래서 도서관은 외롭다. 어둑한 구석에 앉은 채로 외로움의 절벽에 설 때라야 책의 한가운데에 풍덩 빠질 수 있다.

그럼에도 우리가 외로운 도서관에 매혹되는 것은 도서관에 꽂혀 있는 사람들이 자신의 세계를 사람들에게 이해시키는 방식의 다양성 때문이다. 도서관에 가는 행위는 그런 이야기를 듣기 위해서이다. 도서관에서 내가 좋아하는 일 중 하나는 아무 연고 없는 책꽂이 앞에 서는 것이다. 거기서 제목만 훑어보는 것만으로도 내가 구축한 세계의 허술함과 옹졸함이 드러난다. 내가 만든 세계가 전부가 아니라는 것, 타인에게도 자주 올려다 본 하늘이, 비를 피할 우산이, 빛나는 열정이 있었다는 것을 경건한 마음으로 알게 된다.

　책을 사지 않고 도서관에서 빌린다는 것은 내 손에 잡힌 책을 곧 놓아주어야 한다는 것을 받아들인다는 뜻이다. 이 책은 누군가의 손에 들려 있었고 다른 누군가의 손에 넘겨질 것이다. 주어진 시간에 읽느냐 마느냐는 오직 본인만이 알아서 할 일. 다른 이들이 그어놓은 밑줄, 한 귀퉁이를 접어놓으면서 했을 기억의 소망들, 앞에만 읽고 뒤는 돌파하지 못한 이들의 반복된 좌절감, 거친 손길로 휘갈겨 놓은 메모, 미처 떼어내지 못한 포스트잇, 얼룩진 빗방울, 마른 꽃잎…. 그 모든 게 어우러진 책을 외롭게 뒤쫓아 갈 때 책 읽는 사람들이 서로 연결되어 있음을 알게 한다. 책을 읽지 않으면 만나지 못하는 저자와 '다른' 독자들. 그저 많은 이들이 모이기 때문이 아니라, 책에 포개져 있는 손길, 묘한 인연의 그림자, 누군가와 가늘게나마 잇닿아 있을 것 같은 느낌의 누적만이 공적 공간이자 광장인 도서관의 밑천이다.

　'나'는 이미 다른 책들의 집합이다. 책을 많이 읽을수록 나의 이야기는 타인의 흔적일 뿐이다. 그렇기 때문에 책읽기는 용기가 필요하다. 내가 내가 아님을 알게 될 때의 흔들림을 감내해야 한다. 그럴 때에만 타인의 고통에 개입할 능력과 의식을 기를 수 있고,

'적'의 이야기까지 담담하게 경청할 수 있다. 도서관은 자신의 흔들리는 가치와 대면할 뿐만 아니라, 거짓이미지와 뒤틀린 진실로 둘러싸인 이 세계에서 자유와 평등의 의식을 수호하고 몸의 언어로 자신을 단련할 수 있는 훈련소이다. 타인의 음성으로 자신의 가치가 흔들리고 있음을 확인할 때 한없이 쪼그라들지만, 그걸 담담히 받아들일 때에만 자신의 우주는 딱 한 뼘씩 확장된다.

그래서 어느 누구도 책을 강제로 읽힐 수 없다. 책읽기는 자유의 영토이며 즐거움 하나만으로도 온전한 목적이 될 수 있다. 선생과 사서는 학생들에게 어떤 때는 한없는 낭떠러지로, 하늘로, 좌절과 희망, 당당함에서 처연함을 넘나드는 흥거운 방황의 '조건'을 만들어 주는 것으로 만족해야 한다. 조직하거나 강제하기보다는 내적 자발성으로 충만하게 되어 스스로 '아무' 책이나 들춰보게 만드는 것.

학생들의 '공부'가 취직의 덫에서 헤쳐나오기 쉽지 않을 것이다. 다만 억압적인 현실과 해방적인 희망 사이에 서성거리는 마음만이라도 가졌으면 좋겠다. 동의하지 않겠지만, 대학은 기득권층의 진입로가 아니다. 더욱 동의하지 않겠지만, 대학은 사회와 기존 지식 체계의 모순을 직시하고 설명하며 세계를 바꾸는 지혜를 닦는 곳이다. 깨달은 사람은 사회의 북소리에 맞춰 행진하지 않는 사람이다. 자기 내면의 선율에 맞춰 춤추는 사람이다. '지옥이란 다른 사람들'이라는 사르트르의 말은 진리이다. 의존 상태에서는 늘

처세에 신경 쓰고 타인에게 인정받기를 욕망한다. 도서관에 간다는 건 그런 것들과 결별하는 회심(回心)이며, 성찰과 연대의 첫걸음이다. 그래서 도서관은 외롭다. 도서관에 가는 사람도 외롭다.

선　물

서 수 아
영어학부 학생

　중·고등학교 시절 대학생이 되면 꼭 해보리라 꿈꿔왔던 것이 있었는데, 도서관에서 손가락으로 책을 주욱 훑고 지나가다가 문득 책장 사이로 '그'와 눈이 마주치고, 그렇게 운명적인 만남을 갖는 것이었다. 지성인의 공간 도서관에서의 만남은 얼마나 낭만적이고 아름다운가! 영화의 주인공이 되어 혼자 상상을 하며 회심의 미소를 짓곤 했다.

　그런데 막상 두어 달이 지났지만, 내겐 어떤 러브스토리도 일어나지 않았다. 어쩌다 눈이 마주쳐도 동성이거나, 특출나게 빼어난 미모를 가졌거나 넘치는 매력의 소유자가 아닌 이상 그 짧은 순간에 애틋한 감정들이 교차하기란 쉽지 않은 일이었다. 역시 영화에서나 가능한 이야기란 마음이 들어 재빨리 마음을 정리하였고, 책을 빌리러 도서관에 들러도 더 이상 맘 설레며 로맨스가 일어나길 기다리진 않는다. 지금도 그 때를 돌이켜보면 푸웃 하고 웃음이 난다.

난 올해 3학년이다. 애교 섞인 목소리로 선배님들 주머니를 가볍게 비워드리던(?) 새내기 때가 정말 엊그제 같은데, 이젠 벌써 고학번 선배 소리를 듣는다. 시간이 빠르다고 느끼면서도, 학교에서 보낸 지난 2년을 뒤돌아보면 내가 참 많이 성장했다는 걸 실감한다. 콩나물을 집에서 키워본 적이 있는가? 구멍 뚫린 바구니에 백태를 담아 흰 천을 덮어놓고 물을 몇 바가지 흠뻑 부으면 물이 바로 빠져버린다. 물이 좀 고여 있어야지 저래서 콩이 어떻게 자라겠나 싶은데, 사흘 정도 지난 후 왕성하게 자라고 있는 콩나물을 보면 깜짝 놀랄 것이다. 어쩌면 헛된 일처럼 느껴질 수도 있지만 자꾸 물을 주는 사이에 콩나물이 자란다. 이처럼 가끔씩 도서관에 가 문구 하나, 삽화 하나가 마음에 들어 무턱대고 읽기 시작하는데, (어쩔 땐 욕심이 과해 한 번에 많이 섭취하겠노라며 책 5권 정도를 쌓아놓고 30분 후에 베개 삼아 자기도 했다.) 소소해보이는 이런 과정들이 반복될수록 내가 자라는 것이다.

도서관에서 무언가를 붙들고 읽는 순간엔 멈춰있는 그 1평 남짓한 공간이 나만의 방이 되고 그 안에서 자유를 만끽한다. 어떤 그림을 보고 이 화가는 무슨 마음으로 이걸 그렸을까 고민도 하고, '어른을 위한 그림동화' 를 보며 어른들이 가르쳐 주는 대로만 알고 믿었던, 그 순수했던 때가 차라리 좋았다 싶은 생각도 하고, 과제도서에 푹 빠져(?) 바로 혼수상태가 되기도 하면서 재미있게 즐기곤 했다. 읽었던 책 중에 나를 바꿔버린 훌륭한 작품들이 있는데, '아들아 영원히 살 것처럼 배우고 세상을 다 가질 것처럼 살아라' 와 '무지개 원리' 이다.

두 책의 공통적인 메시지는 이것이다. '긍정적인 생각을 하고 꿈을 가지면 성공할 수 있고, 자꾸 부정적이고 자신을 함부로 여기는 사람은 실패를 한다.' 이것은 분명 한 사람의 인생을, 그리고 미래를 바꿀 수 있는 엄청난 진리이자 비밀이었다. 난 매사에 부정적이고 게으른 사람이었는데 그러한 삶의 방식이 나를 실패자로 만들 것임을 분명히 알게 되었다. 그래서 당장 마음을 바꾸고 최대한 세상을 긍정적으로 바라보려 노력하고 '나도 할 수 있다' 는 믿음을 가지고 살아보았다. 정말 행복한 일이 많이 일어났고 얼굴도 훨씬 밝아졌으며 자연스럽게 공부도 즐거운 마음으로 하게 되었다.

그리고 얼마 전 나에게 아주 특별한 일이 일어났다. 군에서 휴가 나온 오빠와 생애 첫 데이트를 했는데, 어디를 갈지 한참 고민한 끝에 우리 학교로 향했다. 청운관부터 평화의 전당을 거쳐 헐떡고개를 내려왔다. 그리고 도서관 앞에서 사진도 찍고 벤치에 앉아 음료를 마셨다. 휴일임에도 불구하고 다가올 중간고사를 준비하느라 많은 학생들이 바쁘게 도서관을 오갔다. 한참동안 그들을 바라보던 오빠는 내게 말했다.

"대학교가 참 좋네. 난 그 때 왜 이런 기쁨을 느끼지 못했지? 지금 학교 다시 들어가면 공부 열심히 할 수 있을 것 같아." 내 마음에 찡한 뭔가가 전해왔다. 오빠는 대학 입학 후 어떤 흥미나 보람을 느끼지 못하고 어려워하다 잠시 학업을 중단했다. 한 가정의 가장으로서, 아들로서, 또 동생의 인생 길잡이로서의 역할을 책임지고 해

내야 했지만 미래에 대한 뚜렷한 계획이나 꿈이 없어서 심적으로 많은 부담을 느끼고 있었단다. 그런데 오늘 학교를 방문하면서 오빠가 큰 힘을 얻은 것이다. 포기를 두려워하지 않고 새로운 것을 향해 도전할 수 있도록, 그리고 미래를 향해 계속해서 달려 나갈 수 있도록. 너무 기쁘고 감사했다.

나에게 이 도서관은 학점 0.2점을 위해 머리 터지게 공부하는 '전쟁터'의 의미에서 끝나지 않는다. 나는 '나'라는 존재 하나 겨우 들어갈 수 있을 만큼 좁고 옹졸하고 건조한 마음을 가지고 살았다. 그러나 이곳에서 난 '인생'이라는 길고도 짧은 여행을 할 때 반드시 챙겨가야 할 것들을 알았고 끝없이 넓게 펼쳐진 세상으로도 가보았다. 바짝 말라 남들에게 거친 상처밖에 줄 수 없었던 내 마음을 감동으로 촉촉하게 적셔주었기에 그 후 나는 내게 주어진 시간과 물질을 다른 사람을 위해서도 쓰기 시작했다. 그것도 기쁜 마음으로 말이다.

글을 쓰면서 이렇게 정리해보니 그간 난 참 많은 선물을 받은 것 같다. 참 행복한 사람이다.

세상에서 제일 신나는 놀이공원
경희대 도서관에서 받은
정보 자유이용권들이 주는 행복

유 예 랑
간호학과 졸업생

신축기숙사에서 푸른솔을 지나 헐떡고개를 오른 후 크라운관을 지나고 마징가탑을 지나 도서관으로 가기. 내가 대학생활동안 친구처럼 반복해서 만난 길이다. 이 길로 도서관에 오고 갈 때는 양 옆에 나무가 있는 길을 꼭 지나야하는데, 이 나무들이 주는 푸근한 마음과 책을 볼 수 있다는 설렘으로 지날 때마다 행복했던 기억이다.

이 길을 따라 또 다른 지식의 성, 도서관에 들어가면 나의 마음 속에 엄마의 젖처럼 많은 영양분을 줄 책들이 가지런히 줄맞추어 서있다. 도서관 한 쪽에는 새로 태어난 아기같은 신착도서들이 갓 바코드 옷을 입고 나를 기다리고 있다. 도서관 돔 천장을 한 번 올려다보고 깊은 숨을 들이쉬고 고개를 내려 좌우로 책들을 보고 있노라면, 동백향기처럼 아찔하다.

대학교 1학년 때 야심차게 시작한 독서계획이 있었다. 1년에 100권씩의 책을 읽자!는 계획이었다. 한 권 한 권 읽어나갈 때마다 열심히 채워왔다. '50권 정도 읽으면 내 마음이 더 넓어지겠지, 내가 아는 것이 더 많아지겠지, 그리고 지금 내가 할 수 있는 생각의 범위가 더 넓어지고 자유로워지겠지.' 하는 생각으로 시작했다. 처음 50권을 달성하니 그 다음부터는 성취감이 들어 점점 100권, 200권을 넘어 졸업 무렵에는 400권이 넘었다.

대학생 평균 독서량을 훨씬 앞서는 독서량을 기록한데에는 도서관의 공헌이 너무나도 컸다. 읽은 책의 80%를 도서관에서 빌렸으니 말이다. 1000권에 달하는 책을 빌리는 동안 도서관을 사랑하는 애인 만나듯 드나들었고, 회전문을 열자마자 나오는 천사들과 인사할 정도가 되었다.

도서관에 들어가서 내가 좋아하는 우측의 소설코너부터 시작해서 원형 서가를 한 번 돌면서 책을 보고, 가운데 큰 길로 나오면서 반납도서가 담긴 이동테이블을 주시한다. 이동테이블에는 사람들의 손을 탄 반납도서들이 많기 때문에 재미있는 책을 찾을 확률이 높다. 관심있는 책들이 있으면 하나 둘씩 꺼내서 품에 안고, 어느덧 들고 있던 책이 무거워지면 내가 찜해놓은 서가 가운데 책상에 올려놓는다. 그리고는 신착도서코너에 가서 어떤 책들이 나왔나 보고 또 괜찮을 것 같은 책을 집어 책상으로 가져온다.

의자에 앉아서는 제일 재미있을 것 같은 책과 읽을만한 책을 골라내는 일을 한다. 최대대출권수가 7권이기 때문에 빼내야 할 책들이 많았는데 항상 그 점이 아쉬웠다. 그래도 고마웠던 것은 꺼내

본 책은 옆의 이동 테이블에 두기만 하면 되었기 때문에 내가 일일이 제자리에 갖다놓는 수고를 하지 않아도 되었다는 점이다. 그 책을 갖다놓는 일을 하는 사람에게는 정말 미안한 일을 많이 했지만, 도서관에서 자유롭게 걱정없이 책을 빌릴 수 있는 환경이었다는 점에 감사한다.

이렇게 골라낸 책들을 도서관에서 주는 종이가방에 최대로 빌릴 수 있는 7권의 책을 가득 넣어서 기숙사로 돌아가는 길은 새로 빌려온 책에 대한 설레는 마음과 작가와의 만남, 오래전 이야기와의 만남, 경험해 보지 못한 지식에 대한 기대감에 너무나 행복했다.

이렇게 책을 빌리다 보니 도서관에서 주는 다독상도 3번 받았다. 한 번 받을 때마다 주는 문화상품권 3장으로 또 다른 책을 살 수 있다는 기쁨과, 도서관 이용자에게 더 열심히 읽으라는 격려가 느껴져 기분이 좋았던 기억이다. 하지만 무엇보다도 제일 좋았던 것은 최대대여권수가 7권에서 10권으로 늘어나 읽고 싶은 책을 내려놓지 않아도 된다는 기쁨이었다.

도서관에 자주 드나들고, 관심이 있다보니 도서관 홈페이지에 가는 일도 많았다. 거기서 얻었던 나만의 정보를 소개하고자 한다.

꼭 보고 싶던 책인데 사기엔 부담스럽고 비싼 책이 있었는데, 도서관 홈페이지를 찾아보다가 자료구입신청이 있기에 한 번 기대하지 않고 신청해보았다. 그런데 3주만에 나에게 책이 도착했다고 알리는 메일이 와서 놀랐다. 그 책을 읽으면서 도서관에 이런 제도가 있었나 하는 신기함과 즐거움에 행복했다.

도서관에서 도서 검색을 할 때 늘 종이에 볼펜으로 적곤 했는데, 서가 위치를 알려주는 프린터가 설치된 이후로는 편하게 이용했다.

riss4u홈페이지를 논문 검색할 때 많이 이용하는데, 도서관 홈페이지의 외부접속 기능을 몰랐을 때는 유료논문들을 볼 수 없어 답답했다. 외부접속기능을 통해 논문검색홈페이지를 이용하면 학교 측과 제휴가 되어있어 무료로 볼 수 있는 논문 가짓수가 늘어나고 더 공부할 수 있게 된다. 이걸 처음 알았을 때 중앙도서관이 너무 고마웠다.

홈페이지 공지를 보고 도서관에서 마련한 행사에도 참여한 적이 있다. 공지영 작가님의 강연이었는데, 참여한 학생도 많았고, 강연내용도 재미있었다. 제일 좋았던 것은 역시 추첨을 통해 예쁘게 포장된 5권의 책을 받는 것에 뽑혔던 것이다.

도서관 웹진도 나올 때마다 꼬박꼬박 챙겨읽었다. 책을 읽는 사람들에 대한 격려가 담긴 글들이 정말 좋았다. 각 단과대학마다 추천도서가 있었는데, 경희대생들이 추천하는 책들도 담겼으면 좋았을 것 같다는 생각은 들었다.

나와 책이 만날 수 있게 안내해주는 도서관은 책과 나의 돈독한 사이를 위한 좋은 촉매제이며, 책과의 미팅과 성공할 수 있는 편안한 분위기를 만들어주는 수목원 같다. 아날로그적인 서가배치나 대출대 외에도, 보이지 않는 정보 세상에서, 나로 하여금 더 좋은 정보헌터가 될 수 있게 논문 무료색인 기능 제공 등의 매개체 역할을 하고, 책을 많이 읽도록 여러 가지 제도로 격려하고, 책을 넘어 세상에서 성장할 수 있도록 많은 강의 프로그램을 마련해 자극을 주었다.

책은 나에게 물과 공기와도 같다. 모난 나의 부분을 매끄럽게 손질해주고, 비전을 보여주고 힘들 때 용기를 주는 멘토이다. 그리고 책은 각자 성격이 있고 인격이 있고 살아 숨을 쉬는 생명체이다. 앙칼지고 퉁퉁대는 책도 있고, 너무도 따뜻하고 편안하게 말을 해주는 책도 있다. 그래서 사람 만나는 것처럼 재미있다. 책은 돌아가신 위인들이 살아있는 집과도 같다. 그 집에 가서 커피 한 잔 대접받으면서 편안히 그 분들이 겪은 많은 시행착오와 성공에 대한 이야기를 듣는 기분이다. 책에서 만날 수 있는 세계는 상상이상으로 무궁무진하고, 신난다. 넓혀진 생각의 폭으로는 레포트와 시험에서도 유감없이 실력을 발휘할 수 있으며 장학금도 벌어줄 수 있다. 세상에서 제일 신나는 놀이공원은 잠실의 롯데월드도, 용인의 에버랜드도 아닌 경희대 안 도서관에 있다.

이제 나의 대학생활은 도서관과 함께 시작해서 올해 2월에 끝이 났지만, 마음속 깊은 곳에는 인생을 움직이는 지표가 되어줄 책 속의 지혜들이 알알이 맺혀있을 것이다. 젊은 나의 영혼에는 책을 사랑한 기억과, 책을 품은 어머니인 도서관에 대한 고마움이 녹아 있다.

도서관으로 옮기는 한 걸음 두 걸음마다 아름다운 추억이 하나하나 생겨간다. 내 마음속의 도서관, 내 마음속의 놀이터를 도서관과 함께 당신을 위해 가꾸어보는 것은 어떨까?

우연히의 결말이
우연히 좋을 확률

이 환 주
영어학부 학생

중앙도서관의 대출이력을 조회해 보았습니다. 2004년도 한 해
동안 제가 빌린 총 11권의 책 중 8권의 저자는 촌상춘수이거나, 무
라카미 하루키이거나, 村上春樹였습니다. 사실 모두 같은 작가의
이름입니다. 저는 대학 신입생이던 시절 하루키의 책을 처음 접했
습니다. 서고의 문학 코너를 계획 없이 돌아다니다가 눈에 띄는 책
을 집어 드는 평소의 습관대로 한 권의 책을 골랐고, 우연하게도 그
때 제가 서 있던 곳은 일본문학 코너였습니다. 하지만 100권이 넘
는 일본소설 중에서 하필 하루키의 책을 선택하게 된 것은 '우연'
이 아니었습니다. '상실의 시대.' 저는 분명 어딘가에서 그 책의 제
목을 들어본 적이 있었습니다. 서고에 선 채로 저는 한 시간 가량
페이지를 넘겨 나갔고, 그 다음날 서점에서 같은 제목의 책을 샀습
니다. 대학에 들어와서 수업 교재를 제외하고는 처음 산 책이었습

니다.

　같은 해 겨울, 아직 대학 신입생이던 저는 크리스마스이브 날 오후 1시에 경희대학교 도서관 앞에서 한 여자아이를 기다리고 있었습니다. 사실 제가 기다리는 사람이 여자라는 사실을 안 것은 고작 일주일 전이었습니다. 학교의 교지에 하루키의 문체를 흉내 내서 고양이에 관한 짧은 단편을 실었고, 며칠 후에 한 사람으로부터 이메일이 왔습니다. 그 후로 얼마간 서로 이메일을 주고받고, 문자를 나누다가 이브 날에 만나기로 한 것이었습니다. 1시가 되자 도서관에 도착했다는 문자가 왔고, 저는 그 사람이 얘기해 준 풀색 목도리를 찾아 주위를 두리번거렸습니다. 한참을 찾아봐도 찾을 수 없었기에 저는 전화를 했습니다. 처음으로 그 사람의 목소리를 듣고, 저도 처음으로 제 목소리로 말했습니다. 어디에 있느냐고. 입구에 있다는 대답이 들려왔습니다. 나도 지금 입구 앞이라고 말했습니다. 한동안 조용히 생각하고 다시 물어봤습니다. 혹시 수원에 있느냐고. 여자는 그렇다고 했습니다. 둘 다 도서관 앞에서, 같은 시간에 서로 상대방을 기다렸지만 만나지 못하는 상황이 재미있었습니다. 아쉬움을 뒤로 한 채로 "언젠가 인연이 있으면 다시 만나요."라는 말을 남기고 전화를 끊었습니다. 양쪽 모두의 손에 전해주지 못한 크리스마스이브의 선물이 들려있었고, 제 가방 속에는 아직 쓰지 않은 크리스마스카드 두 장과 검은색 볼펜 2자루가 들어있었습니다.

　며칠 전에 도서관에 갔다가 우연히 '상실의 시대'를 검색해 봤습니다. 그리고 상실의 시대에 남겨져 있는 서평을 봤습니다. '서평. 이라기보다 저의 주저리입니다만,'이란 문장으로 그 서평은 시작되고 있었습니다.

'참 상투적이고/ 우스운 흑백논리의 힘을 빌리자면,// 사람은/ 친구가 될 수 있는 사람과,/ 친구가 될 수 없는 사람으로/ 나눌 수 있다고 생각합니다.// 그렇다면,/ 적어도/ 나의 친구는/ 상실의 시대를 읽고/ 허무함을 알고/ 외로움을 알고 있는 사람이기를/ 희망합니다.' //

'아무도 글을 남겨놓으시지 않았기에,/ 흔적을 처음으로/ 제가 영광스럽게 남깁니다.// 그 누가 알겠냐만은/ - 나 아닌 그 누가 이 사실을 알겠냐만은 -/ 참 자랑스럽습니다.//

2005년 10월에 작성된 서평이었습니다. 서평의 작성자는 우연히도 제가 알고 있는 사람이었습니다. 2004년의 크리스마스이브에 저는 그 사람과 만나려고 했었습니다. 몇 년이나 전의 일이긴 하지만 분명히 저는 이 흔적을 남긴 사람의 이름을 기억하고 있었습니다. 그리고 그 사람이 남긴 흔적을 발견했습니다. 비록 2004년에 만나지는 못했지만 저는 그 사람과 다음해 1월에 한번 만날 수 있었습니다. 수원에 있는 경희대학교의 도서관에서. 하지만 그 사람과 친구가 되지는 못했습니다. 대학 신입생 시절의 저는 상실의 시대를 읽고, 외로움도 느끼고 있었지만 너무나 서툴렀습니다. 지금과 마찬가지로 말입니다. 신간이 없다는 건 알지만 요즘에도 도서관에 가면 때때로 일본문학 코너를 서성이게 됩니다.

도서관, 그 곳에서는 꿈을 꿀 수 있다

임 보 연
일반대학원 학생

요즘처럼 꽃가루가 흩날리는 날씨, 햇살 가득한 날씨가 마음을 설레게 한다. 교정에는 여러 가지의 예쁜 꽃들과 나무들이 푸르러서 봄이 왔음을 온 몸으로 느낄 수 있으며 중앙 도서관 앞에는 사람들로 북적거린다. 캠퍼스가 아름답기로 유명하여 학교의 건물들은 드라마, 영화 등에서 그 자태를 뽐내기도 바쁘며 그 중 아름다운 도서관은 내부가 더 아름답다고 생각한다.

나는 도서관을 좋아한다. 도서관이라는 자체를 좋아하기도 하며 도서관에 꽂힌 책들도 좋아하고 도서관에 있는 여러 시설들도 다 좋아한다. '도서관'이라는 단어만 들어도 내 마음은 설렌다. 나의 도서관에 대한 사랑은 어렸을 적 기억으로 거슬러 올라간다. 아마도 내가 도서관을 사랑하고 책을 좋아하는 것은 어렸을 때의 체험에서 이어진 것이라고 생각한다. 내가 초등학교 저학년 때 엄마 손을 꼭 붙들고 도서관을 드나들었던 기억이 생생하다. 매주 토요일 오후면 항상 엄마의 한쪽 손은 내가 잡고 다른 한 손은 동생이 잡고 엄마와 함께 셋이서 나란히 걸으며 도서관에 갔었다. 도서관에 가던 그 길목도 선명하다. 도서관에 가던 날은 대부분 날씨가 화창했다. 화창한 날씨에 흥이 나서 엄마 손을 꼭 잡고 걸어서 도서관에 가면 어린이 열람실에서 이 책장, 저 책장을 기웃거리며 읽고 싶은 책들을 2~3권씩은 꼭 읽고 나왔던 것 같다. 더 읽고 싶은데 시간이 없어서 못 읽은 책들은 빌려서 나오기도 하였으며, 도서관에 나와서 집에 가기 전, 도서관 매점에 들러서 과자나 아이스크림을 하나 들고 집으로 돌아왔던 기억이 있다. 그리고 조금 커서 초등학교 고학년 때에는 단짝 친구와 함께 매주 토요일 하교를 하고 집에 가서 점심을 먹은 뒤, 동네 시장 입구에서 만나 동네에서 가장 컸던 서점으로 들어가 2~3시간씩 책을 읽다가 나오곤 했었다.

아마도 이때의 나의 경험들이 지금까지도 책을 좋아하는 나의 성향에 영향을 주었다고 생각한다. 그래서 그런지 지금도 나는 도서관에 자주 드나든다. 도서관에 드나드는 발걸음은 언제나 즐겁다. 책장 사이에서 책을 고르는 즐거움, 책을 읽는 즐거움...

학교에 입학해서도 가장 먼저 가본 곳은 도서관이었다. 도서관 외관부터 멋있다는 생각이 들었는데 도서관 내부 또한 잘 되어 있었다. 도서관에서 내가 가장 좋아하는 곳은 개가열람실이다. 물론, 열람실, 도마루, 그리고 중앙박물관까지 좋은 장소들이 많지만 역시 도서관이라고 하면 책이 가장 많은 개가열람실이 가장 먼저 떠오른다. 공부를 하지 않아도, 책을 읽지 않아도 습관처럼 학교 도서관에 들러 책장 속에서 시간을 보내다가 욕심을 부려 이 책 저 책 가득 빌려 나오곤 했다. 그리고는 그 중에 절반 정도밖에 보지 못하고 다시 반납을 하는 일을 반복했던 것 같다. 내가 빌린 책을 다 읽으면 더 좋겠지만 책을 다 보지 못하더라도 그냥 책 속에 파묻혀 있거나 책을 가득 빌려나오면 뿌듯하다. 내가 그 책을 다 읽겠다는 의지도 솟는다. 그래서 언제나 내 자리에는 책들이 가득하고 사람들은 도서관을 만드냐고 한 소리씩 거들기도 하지만 어쨌든 나는 책이 좋다.

내가 도서관을 좋아하는 가장 큰 이유는 그 곳에선 꿈을 꿀 수 있기 때문이다. 도서관에는 정말 다양한 책들이 많다. 내 전공이 국어국문학이지만 그 곳에서는 난 국문학 전공자가 아니어도 된다. 내 손만 뻗으면 나 뭐든지 볼 수 있는 것이다. 물론, 독서량으로 따지면 전공 관련 서적이 가장 많겠지만, 도서관에서의 나는 전공과 상관없는 소설, 역사, 여행, 요리 등, 나의 관심사들도 모두 접할 수 있다. 나의 취미 생활은 베이킹인데, 도서관에서는 전문가가 될 수도 있다. 베이킹과 관련된 책이 가득한 책장 코너에 멈춰 서서 이 책 저 책 살펴보고 연구하면 꼭 내가 파티쉐가 된 듯한 느낌이 든다. 또한 실제로 도서관에 있던 책들 덕분에 나는 다양한 빵, 쿠키, 케이크들을 만들 수 있었고 다양한 정보를 얻게 되었으며, 또한 베이킹에 대한 꿈을 키워나갈 수 있었다. 도서관에서 나는 뭐든지 꿈꿀 수 있다. 지금은 국문학자와 파티쉐라는 꿈을 꿨지만 내일은 여행가의 꿈을 꿀 지도 모른다. 그리고 나의 관심사들을 더 질적으로 높여주는 곳이 바로 도서관인 것이다.

도서관은 꿈을 꿀 수 있게 하며 꿈을 이룰 수 있게 하는 희망의 공간이며, 나에겐 빛 바랜 오랜 친구같이 편안하며 또 언제나 신선한 공기를 느끼게 해 주는 공간이다.

A month in the library : a glance from within

Aliyev, Huseyn
Graduate Institute of Peace Studies

This is a story of the month that I spent studying at the Kyung Hee library. This is a real story and that is the main reason why it may look like a page from a diary; a recollection of the past however, trivial and ordinary it may be. I do not pursue to write an unique story yet I intend to share a period of my life closely connected to the Kyung Hee library.

Being a Kyung Hee student from the Graduate School of Peace Studies (GIP), I do not normally use the main campus library, since GIP campus is located a long way from the Kyung Hee main campus. And although I am a fourth semester student and I have spent in Korea more than 1.5 year already, I have rarely had a chance to study at the main library. However, last winter vacation (one month before the start of semester) I came back to Korea from visiting my parents in my mother country my intention was to finish my MA thesis before the semester started. I got a room at the Kyung Hee dorm and my February of 2009 began. I knew few people at the main campus and had no Korean language skills I had to stick to the campus and first of all, library which could provide me with basic necessities; the convenience store on the second floor is a place to get breakfast, coffee machine is in the lobby that is a place for coffee break in the midst of study and free internet access at the first floor lobby was by far the only place where I could assess internet and check my email. And I did use it a lot, since the email was the only source to keep in touch with my girlfriend who was on a research trip to Tuvalu - a remote part of the world in Pacific Ocean. She was supposed to be back to Korea at the end of the month. Well, I am grateful to Kyung Hee library' s free internet access which allowed me to check my email at least 30 times a day, and that' s what I did, although I well knew that she was able to write me only once a week. Well, so you can imagine my joy when I did receive her email, even though it happened only once a week(she had unstale internet access, it totally depended on weather conditions and good chance), but of course I had no clue about which day or which time to expect it and therefore I had to check it an endless number of times. As you can guess, this is an inside story and almost no one could even guess why this foreign guy was using internet every hour just for a few seconds every time. So to some extend, the moments of happiness I had when I did receive emails from her took place right there on the ground floor internet lobby. Thus, this dimly lit, usually pretty chilly and quite noisy lobby with people constantly going in and out of the building had a certain romantic meaning for me; I saw it in a different light.

My usual day started from around 9 am in the library, continued with a lunch in the class room building cafeteria and went on with staying in the library is room for graduate students on the ground floor where I normally spent the most of my time until around 9 pm. During the days that I spent staying at the library, I learned a different Kyung Hee library from what I usually saw on my brief visits to the main campus during my studies in Korea. In a certain way it does have a life of its own; busy and vibrant on weekdays and quiet and peaceful on weekdays. As a foreigner, easily distinguishable in a busy crowd of usual library visitors I felt myself a part of that crowd, although both different and similar in a certain way. I was by far the only foreigner spending every day and day by day in the library. But I felt myself comfortable; I did not feel that I was distinguishable in some way, since nobody paid any attention at me, I could deepen myself in my studies and I could spend a great and invaluable amount of time thinking, most of luxury people doing research work can only dream about. The library environment which still stays fresh in my memory is unique in a way- I am calling it unique mainly because I observed it as a foreigner. I did study in university libraries in Europe before but the memories I have of Kyung Hee library are undeniably different. They are mixed memories of pleasant moments of checking my emails dozens of times per day in the lobby and thinking and working on my research.

At the end of February my month of studying and almost literary "living" at the Kyung Hee library were over, and I did spend some fruitful and memorable time there and by far I have completed the most of my research. Maybe you won't find my story intriguing and extraordinary and it was not supposed to be such. Rather my story is my memories of the days and weeks, long hours and lasting in memory moments which I spent at the Kyung Hee library on chilly winter of 2009. Notwithstanding, however ordinary my story may seem, it's a unique in its own way- I might be just one among thousands of students teeming at the main campus library every day of the week, each one occupied with his or her own chores, but each one just like me having his own purpose to be there and be part of the life which goes on in the library, a life of its own.

나와 도서관의 특별한 만남

김 미 한
중앙도서관 사서

내성적이면서 수줍음으로 가득했던 나의 중2시절,

새 담임 선생님의 부임으로 처음 우리 반에 들어오셔서 출석을 부르시며 "미한아? 미안해" 라고 하신 말씀 한 마디가 관심의 행복으로 나는 선생님에 대한 존경과 모든 면을 좋아하게 되어 담임 선생님의 수학 과목을 더욱 열심히 공부하게 되었고, 또한 계속 관심을 받으려고 노력중이던 그 때, 선생님은 나에게 우리 학교 도서실(문고)운영을 해야 하는데 미한이가 한번 해볼래? 하셨다.

나는 너무 좋아서 감사와 행복, 또 성실하게 학교 도서실(문고) 운영을 선생님과 같이 해나갔다.

노트 한권에 줄을 긋고 이름 쓰고 대출, 반납, 정리(배열) 등…, 왠지 연체료라는 단어는 없었던 것 같다.

그때 장서는 7~80권 정도로 기억된다.

70년대의 대학 도서관에서는 도서 정리(편목)를 글씨 잘 쓰시는 선생님께서 철필로 프린트해서 카드 정리를 하시고, 80년대엔 공판(한문타자)으로, 90년 초엔 워드로, 카드에 편목을 해서 목록함에 배열, 모든 학생들은 목록함에서 카드를 찾아 대출 신청을 하곤 했다.

그 이후 대단한 발전과 함께 우리는 90년 중반부터 현재까지 컴퓨터로 좋은 시스템을 개발해 모든 책의 출판사항 등을 입력해 학생들에게 질 높은 서비스와 편리한 이용의 접근을 유도하며 국내뿐 아니라 국외의 모든 정보를 이용자들에게 제공, 봉사하고 있다.

그때 그 담임 선생님과의 특별한 도서실 인연으로 나는 지금도 도서관 사서로 일하고 있다. 또한 교회 도서관에서도 일요일에 잠깐이지만 봉사의 즐거움을 맛보고 있다.

지금 나는 생각한다.
삶의 과정에는 항상 함께할 우리들의 미래의 특별한 인연이 있다고. 그래서 어른들은 어린 아이나, 자라나는 학생들에게 무심히 지나치는 말과 관심 속에 항상 미래와 함께할 특별한 인연들이 있을 거라고 생각된다.

지금도 나의 바람이 있다면 항상 상대의 관심과 좋은 미래를 향한 따뜻한 말 한마디가 학교에 몸을 담고 있는 모든 지식인들에게는 희망의 멘트로 남길 바라고 싶다.

또한 우리의 미래를 학생들에게서 찾을 수 있게 질 좋은 정보 서비스의 도서관인으로 함께하며 배려와 감사, 행복(정보)을 주고 받는 사회인으로 거듭나기를 바란다.

반납 예정일이 지난 대출 도서가 있습니다

김 동 건
교양학부 교수

연체된 책과 함께 연체료를 챙겨 집을 나섰다. 대충 계산해도 웬만한 책 한 권 값은 족히 되고도 남을 만한 금액이다. 도서관에서 연체된 책을 반납해 달라는 독촉을 받은 지도 꽤 되었거니와 책 수도 여러 권이었던 까닭이다.

책을 한 번 빌리면 기한 내에 책을 반납하는 경우가 손에 꼽을 지경이다. 대출 기간이 상당한데도 그러하다. 빌려온 물건이라는 것, 그래서 시간을 지켜 되돌려 주어야 한다는 것을 자꾸 잊는다. 다른 것은 몰라도 책에 대해서만은 네 것, 내 것 구분이 확실하지 못한 것이다. 겉으로는 점잖은 양 포장하고 있지만 본래 도둑놈 심보였는지도 모르겠다.

허나 그런 사람이 나만은 아니었던 모양이다.

옛사람은 책을 빌려 주면 항상 돌아오는 것이 더디다고 했다지요. 더디다는 것은 1년이나 2년을 가리키는 것입니다. 『사강(史綱)』을 빌려 드린 지가 10년이 다 되어 갑니다. 돌려주시면 고맙겠습니다. 저 또한 벼슬길에 뜻을 끊고 강릉으로 돌아가, 이것을 읽으며 무료함을 달래려 합니다. 감히 여쭙니다.

한 때 강릉 부사를 역임했던 정구(鄭逑)에게 허균이 쓴 편지다. 역사에 대해서는 문외한이나 『사강』은 역사책인 듯 싶다. 허균은 한 때 정구와 같이 『강릉지』를 엮었던 인연이 있는데 아마 그 때 정구가 허균의 역사책을 빌린 모양이다.

허균은 유명한 책벌레에 지독한 독서광이었다. 이는 집안 내력과도 무관하지 않다. 부친인 초당(草堂) 허엽(許曄)은 동인의 영수로 화담 서경덕에게서 수학하고, 이황과도 학문을 논했던 당대 대학자이며 그의 형인 허성(許筬), 허봉(許篈) 역시 대단한 독서가들이었다. 장인도 강릉 지역에서는 상당한 장서가였다고 한다. 허균 자신도 책 욕심이 대단하여 중국 사신으로 다녀오는 길에 1000-2000여 권을 가져 오기도 했다고 한다. 당시로서는 엄청난 양이다. '만권 서책 중의 좀벌레'가 되어 남은 여생을 마치고 싶어 했던 허균이었으니 실제로 만 권까지는 아니 되더라도 엄청난 책을 소유하고 있었던 듯하다. 책이 귀한 당시로서는 드문 일이 아닐 수 없었다.

그런 허균의 책을 빌려 간 정구가 10년이 넘도록 책을 돌려주지 않자 허균은 독촉 편지를 쓴 것이다. 지금으로 치자면 도서관에서 보내는 연체 관련 안내인 것인데 '감히 여쭙니다' 라는 표현은 짐짓 점잖은 자세를 유지하고 있으나 허균의 마음은 책을 떼일까봐 노심초사다. 1,2년도 아니고 10년이나 되돌려 주지 않는다는 것은 너무한 처사가 아니냐는 원망이 섞여 있다. 허균은 1569년생이고 정구는 1543년생이니 무려 25년 이상의 연배 차이가 있어 함부로 말하기도 어렵다. 심하게 몰아 부칠 수도 없고, 그렇다고 책을 포기하고 싶지도 않은 허균은 난처하기 이를 데 없다. 지금처럼 연체료를 청구할 수도 없지 않은가 말이다. 조심스럽게 사정하고 있으나 내용은 분명 독촉이다.

그래서 이런 사람도 있었나 보다.

그대가 옛 책을 많이 쌓아 두고도 절대로 남에게는 빌려주지 않는다 하니 어찌 그다지도 딱하십니까? 그대가 장차 이것을 대대로 전하려 하는 것입니까? 대저 천하의 물건은 대대로 전할 수 없게 된 지가 오래입니다. 요순이 전하지 않는 바이고 삼대가 지킬 수 없었던 것인데도, 옥새를 새겨 만세에 전하려 했으니 진시황을 어리석다고 여기는 까닭입니다. 그런데도 그대는 오히려 몇 질의 책을 대대로 지켜내겠다고 하니 어찌 잘못이 아니겠습니까? 책은 정해진 주인이 없고, 선(善)을 즐거워하고, 배움을 좋아하는 자가 이를 소유할 뿐입니다.

박지원이 친구에게 쓴 편지이다. 그 친구는 책마다 장서인을 찍어 두고 다른 사람에게 절대로 빌려 주지 않았다고 한다. 본시 야박

한 친구였던지 허균처럼 뼈아픈 경험을 가진 독서광이었던지는 알지 못하겠다. 그러나 역시 독서광이었던 박지원은 '책은 정해진 주인이 없다'며 '배움을 좋아하는 자가 이를 소유할 뿐'이라고 준절하게 나무라고 있다. 그 책을 무던히도 빌려 읽고 싶었던가 보다.

그에 비하면 우리 도서관은 인심이 좋은 편이다. 연체된 날짜만큼 연체료를 내야 한다는 점만 빼고는 말이다. 휴대폰 문자 메시지가 점잖기 그지없다.

김동건 님, 반납 예정일이 지난 대출도서가 있습니다. 조속히 반납 바랍니다. - 도서관

책을 통한 교감

고 인 환
교양학부 교수

대학 1, 2학년 시절 한국의 대표 시집이나 소설집, 혹은 『창작과
비평』, 『실천문학』 등의 잡지를 옆구리에 끼고 다녔다. 이러한 몇
몇 책들을 탐독하고 마치 한국문학 전반의 고민을 혼자 떠안은 양
의기양양하게 캠퍼스와 뒷골목 술집을 누볐다. '민족문학 · 민중문
학 · 노동해방문학', '리얼리즘 · 모더니즘', '순수문학 · 참여문
학' 등은 당시의 고뇌를 포장하는 단골 메뉴였다. 우리 문학이 놓
인 구체적 현실을 문학 사랑의 주관적 열정으로 치환한 그 시절을
돌이켜보면 얼굴이 화끈 달아오르곤 한다.

방 책꽂이에 가지런히 배열된 수백 권 남짓의 책들이 열정만 앞
선 문학청년의 자존심 · 자긍심을 표상하는 알리바이였다. 친구나
선배의 자취방을 방문하면 으레 책꽂이부터 훑어보았다. 쉽게 구
할 수 없는 책이라도 발견하면 떼를 써서 빌려보곤 했다. 지금까지

도 돌려주지 않은 책이 책꽂이의 구석을 장식하고 있다. 책에 대한 욕심은 게걸스러울 정도였다.

그러던 중 도서관 개가열람실을 찾게 되었다. 수업 시간에 정해진 발표 준비를 위해서였다. 작품을 읽고 비평문을 작성하는 과제였는데, 다른 연구자들의 논의를 참조하기 위해서였다. 일단 엄청난 책의 양에 놀라고, 주제별, 저자별로 꼼꼼하게 정리된 시스템에 감탄했다. 이러한 지식의 광장을 예전엔 왜 몰랐는지……. 책 몇 권 읽고 문학 전반을 논한 방자한 자의식이 무너지는 순간이었다.

이후 도서관을 틈나는 대로 찾았다. 한 작가의 대표작, 그것도 최근에 발표된 작품 몇 편을 대충 훑어보고 그 작가의 모든 것을 평가해온 지금까지의 모습을 되돌아보는 계기가 되었다. 관심 있는 작가들의 초기작이나 그의 작품 세계를 분석한 평론들도 읽기 시작했다.

그러던 중 새로운 사실을 발견했다. 개가열람실의 책에는 빌려본 학생의 이름과 소속이 기록된 카드가 꽂혀 있었다. 문학 세미나나 토론회에서 문학의 의미와 본질에 대해 열변을 토할 때, 묵묵하게 들으면서 미소 짓던 학생들의 이름이 여러 책에 적혀 있었다. 평소 친하게 지내지는 않았지만 인사를 하고 지내던 동기나 선배들이 대부분이었다. 이들의 독서 편력은 대학 생활을 곱씹어보는 소중한 시간을 제공해 주었다. 이후 나는 추상적이고 관념적인 내용의 문학이 아니라 구체적 텍스트를 통한 문학적 소통을 조금씩 배워가기 시작했다.

지겹고 어려운 대목이 반복되어 책을 덮고 싶은 생각이 들 때마다, 그 책을 먼저 읽은 학생들의 얼굴을 떠올리며 마음을 다잡곤 했다. 카드에 기록된 이름을 통해 재구성한 동료들의 독서 궤적은, 안도의 한숨과 질투의 감정 사이로 난 문학의 오솔길로 나를 안내한 셈이다.

지금 그들은 무엇을 하고 있을까? 비록 문학과 직접적으로 관련된 일을 하고 있지 않더라도, 그들이 열심히 읽었던 텍스트들이 삶을 풍요롭게 가꾸는 밑그림이 되었을 것이라 믿어 의심치 않는다.

문학에 대한 치기어린 열정을 차분하게 자리매김하게 해준, 도서관의 책들과 독서 카드에 흔적을 남겨준 문학도들에게 다시 한 번 감사의 마음을 전한다.

도서관 그곳에서 꿈을 꾸다

초판 1쇄 발행 2009월 11월 30일

발행 _ 경희대학교 중앙도서관　**펴낸이** _ 배정민　**펴낸곳** _ 유로서적　**편집** _ 공감IN
등록 _ 2002년 8월 24일 제 10-2439호　**주소** _ 서울시 금천구 가산동 329-32 대륭
테크노타운 12차 416호　**Tel** _ (02) 2029-6661　**Fax** _ (02) 2029-6663　**E-mail**
_ bhceuro@bookeuro.com

ISBN 978-89-91324-43-5